소워니놀이터
숲속 마을 스퀴시북
조윤성(소워니놀이터) 지음
햄찌의 먹방TV
시워니의 간식 병원
냥냥이의 고양이 카페
몽실이의 보안관 사무소
토깽이의 당근 목욕탕
당근탕
대원앤북

소워니놀이터는요!

웹디자이너로 활동하다가 엄마가 된 지금은
소워니와 시워니를 위한 종이놀이를 만들고 있어요.
종이놀이로 즐겁게 노는 아이들을 보니
많은 친구들과 함께 즐거움을 나누고 싶었어요.
그래서 유튜브에 아이들의 놀이 영상과 만들기 영상을 올리며
도안을 공유하고 있어요.
소워니놀이터만의 종이놀이 도안으로
많은 친구들이 즐거운 시간을 보내면 좋겠어요.

모두가 행복해지는 숲속 마을로 놀러 오세요!

숲속 마을은 행복한 마을을 만들기 위해
소워니, 시워니, 동물 친구들이 모인 곳이에요.
소워니, 시워니와 동물 친구들은 숲속 마을에 필요한 역할을
적극적으로 하면서 사람들이 즐거워하면 행복을 느껴요.
어떻게 하면 사람들이 더 많이 즐거워할까 항상 고민하며
행복 가득한 마을로 발전할 수 있도록 계속해서 마을을 꾸며 나가고 있어요.

숲속 마을을 소개합니다!

토깽이의 당근 목욕탕

관리인 토깽

당근이 가득한 힐링 목욕탕을 운영하는 토깽.
당근탕에서 비타민을 충전해요.

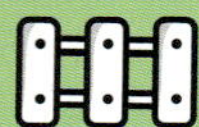

냥냥이의 고양이 카페

카페 주인 냥냥

맛있는 디저트와 음료를 만들어 주는 냥냥.
고양이들 간식도 챙겨 주고,
고양이 전용 놀이 공간도 가꿔 놓았답니다.

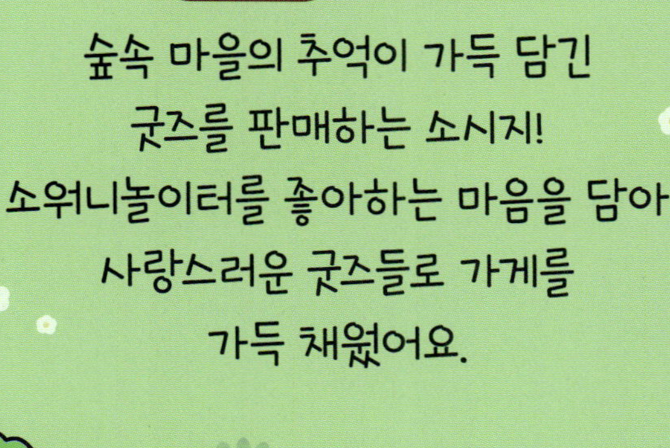

소시지의
소시 굿즈샵

샵 주인 **소시지**

숲속 마을의 추억이 가득 담긴
굿즈를 판매하는 소시지!
소워니놀이터를 좋아하는 마음을 담아
사랑스러운 굿즈들로 가게를
가득 채웠어요.

SOSI GOODS SHOP

토토의
레트로 패션샵

패션 디자이너 **토토**

레트로 감성 가득한 옷과 액세서리를
코디해 주는 토토!
손님들을 드레스 룸에서 멋진 스타일로
갈아입히며 패션 놀이를 즐겨요.

햄찌의 먹방TV

크리에이터 햄찌

숲속 마을의 맛집과 음식을 소개하는
먹방 전문 유튜버!
맛있는 음식들이 잔뜩
준비되어 있어요.

몽실이의 보안관 사무소

마을 보안관 몽실

숲속 마을의 평화를 지키는 정의로운 보안관 몽실.
잃어버린 물건도 찾아 주고 위험한 일도
척척 해결해요.

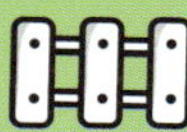

토깽이 동생
토리 돌보기

토깽이 친척 동생 **토리**

귀여운 아기 토리!
목욕도 시켜 주고, 밥도 챙겨 줘야 해요.
토깽이는 토리에게 사랑을
듬뿍 주며 돌봐요.

소워니의
러브하우스

집주인 **소워니**

핑크를 좋아해서 집 안도 핑크로
꾸미는 소워니!
소품을 자유롭게 배치하며
사랑스러운 집으로 완성해요.

시워니의
간식 병원

의사 **시워니**

증상에 맞춰 간식을 처방해 주는 시워니!
달콤한 간식으로 행복을 전달해요.

토깽이 동생
토리 돌보기
소시지의
소시 굿즈샵
Goods shop
SOSI GOODS SHOP
ON AIR
햄찌의
먹방TV
Mukbang TV
시워니의
간식 병원
달콤한 간식 처방 받으세요♡
몽실이의
보안관 사무소

숲속 마을
지도
냥냥이의
고양이 카페
LOVE HOUSE
토토의
레트로 패션샵
토깽이의
당근 목욕탕
당근탕

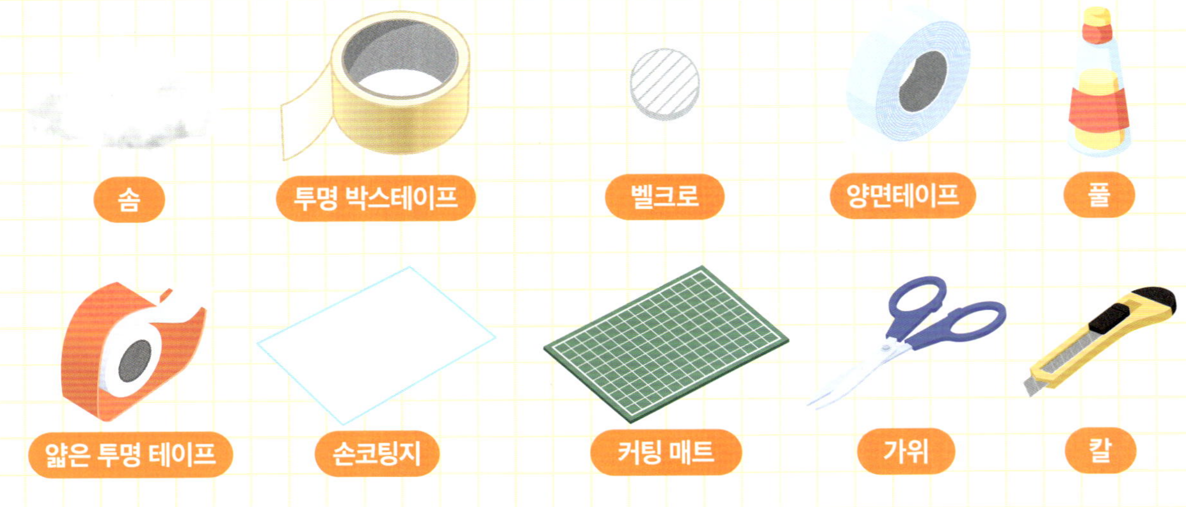

솜	스퀴시 안에 넣을 거예요.
투명 박스 테이프	스퀴시 도안에 붙여 코팅을 할 거예요. 크기가 작은 스퀴시 도안을 코팅할 때 쓰기 편해요.
벨크로	소품을 붙였다 떼었다 놀 때 쓸 거예요. 깔끄러운 부분과 부드러운 부분이 만나야 붙어요. 없으면 양면테이프를 이용해도 돼요.
양면테이프	작은 도안을 붙일 때 써요. 소품을 붙였다 떼었다 놀 때도 써요. 
풀	코팅하지 않은 도안을 연결할 때 써요.
얇은 투명 테이프	스퀴시의 모서리 부분을 붙일 때 쓸 거예요.
손코팅지	넓은 도안을 코팅할 때 써요.
커팅 매트	칼을 이용해 도안을 자를 때 쓸 거예요.
가위	사용할 때 손을 다치지 않게 주의하고 쓰지 않을 때는 오므려 잘 보이는 곳에 두세요.
칼	사용할 때 손을 다치지 않게 주의하고 쓰지 않을 때는 칼날을 밀어 넣어 두세요.
꼭 지켜 주세요!	가위와 칼을 사용할 때 손을 다치지 않도록 주의하세요. 오린 종이를 입에 넣지 않도록 주의하세요.

용어 설명

손코팅지 단단히 코팅해야 하는 도안이에요. **투명 박스 테이프** 구부려야 하는 도안에 사용해요.

단면 코팅 도안의 앞면만 코팅해요. **양면 코팅** 도안의 앞, 뒷면을 코팅해요. **코팅 X** 코팅을 하면 접기가 힘들어요.

——— 자르는 선 - - - - 안으로 접는 선 ·—·—· 밖으로 접는 선 ✂ 가위 그림 주위를 도려내요.

목차

토깽이의 당근 목욕탕

어서 오세요!
때 밀어
드릴까요?

만드는 방법

1

코팅 책 도안은 손코팅지로 앞면만 코팅하고, 소품 도안은 양면을 코팅해요.

2

코팅 잠금 도안은 구부리기 쉽도록 투명 박스 테이프로 양면을 코팅해요.

3

양면테이프 떼었다 붙였다 하는 소품 뒷면에 투명 양면테이프를 붙여요.

4

오리기 선을 따라서 도안을 모두 오려요. 냉장고 문, 계산대, 냉탕, 온탕 안은 칼로 오려요.

5

냉장고 문 유리 뜯지 않은 코팅지를 냉장고 문 도안 뒷면에 테이프로 붙여요.

6

옆면 도안 옆면 도안 뒷면에 풀칠을 하고 도안 2장을 뒷면끼리 포개어 붙여요.

7

잠금 도안 책 도안 6 뒷면에 잠금 도안을 별표에 맞춰 놓고 테이프를 붙여요. 앞면도 테이프를 붙여 고정해요.

8

스퀴시 같은 기호의 책 도안을 포개어서 솜 구멍만 남기고 모두 테이프를 붙여요. 안에 솜을 납작하게 펴서 넣고, 테이프를 붙여서 솜 구멍을 막아요.

9

스퀴시북 스퀴시 2개 사이에 옆면 도안을 놓고, 약간의 여백을 주고 테이프로 연결해요. 나머지 스퀴시는 옆면 도안 가운데에 놓고 테이프로 연결해요. 책 겉에도 테이프를 붙여 더 튼튼하게 만들어요.

10

잠금 도안 잠금 도안에 벨크로나 양면테이프를 붙여 열고 닫을 수 있도록 만들어요.

11

사물함 문 사물함 문 도안을 위치에 놓고 옆면에 테이프를 붙여요.

12

냉장고 문 냉장고 문 도안을 위치에 놓고 옆면에 테이프를 붙여요.

13

계산대 계산대 도안을 위치에 놓고 아래쪽에 테이프를 붙여요.

14

세신 베드 세신 베드 도안을 위치에 놓고 아래쪽에 테이프를 붙여요.

15

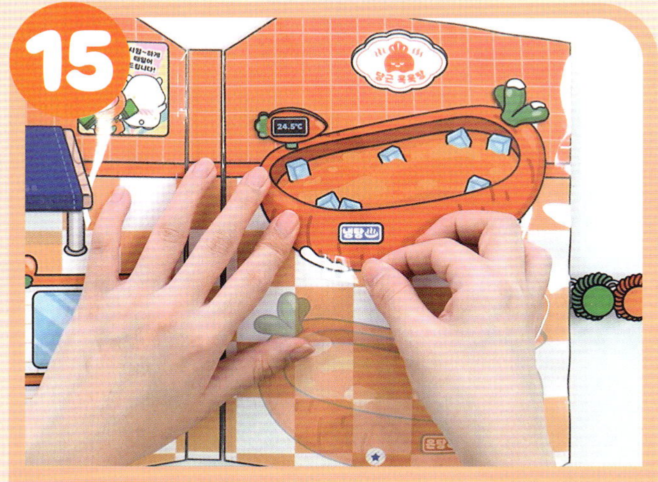

냉탕, 온탕 냉탕, 온탕 도안을 위치에 놓고 테두리를 테이프로 붙여요.

16

정리 스퀴시북에 소품들을 정리해요.

완성

냥냥이의 고양이 카페

메뉴는 메뉴판에서 골라 주세요!
어떤 고양이 좋아하세요?
소워니놀이터
냥냥이의
고양이 카페
tea
CAT CAFE
OPEN
고양이 츄르
고양이 츄르
냥참치
고양이 카페
MENU
냥식빵
냥푸딩
냥카롱
냥쿠키
2000원
냥펀치 소다
3500원
냥타로 밀크티
3500원
냥푸치노
3000원
냥코코아
3000원
CARD
WELCOME
HOW TO MAKE
냥펀치 소다 : 탄산수 + 멜론 시럽 + 아이스크림 + 체리
냥타로 밀크티 : 우유 + 타로 파우더 + 은하수 토핑
냥코코아 : 우유 + 코코아 파우더 + 발바닥 마시멜로
냥푸치노 : 에스프레소 + 우유 부어서 모양 만들기
COCOA
코코아 파우더
TARO
타로 파우더

만드는 방법

만드는 방법 영상

1

코팅 책 도안은 손코팅지로 앞면만 코팅하고, 소품 도안은 양면을 코팅해요.

2

코팅 잠금 도안은 구부리기 쉽도록 투명 박스 테이프로 양면을 코팅해요.

3

양면테이프 떼었다 붙였다 하는 소품 뒷면에 투명 양면테이프를 붙여요.

4

오리기 선을 따라서 도안을 모두 오려요.

5

오리기 쇼케이스 문, 계산대, 츄르 박스 안은 칼로 오려요.

6

쇼케이스 문 유리 뜯지 않은 코팅지를 쇼케이스 문 도안 뒷면에 테이프로 붙여요.

7

옆면 도안 옆면 도안 뒷면에 풀칠을 하고 도안 2장을 뒷면끼리 포개어 붙여요.

8

잠금 도안 책 도안 6 뒷면에 잠금 도안을 별표에 맞춰 놓고 테이프를 붙여요. 앞면도 테이프를 붙여 고정해요.

9

스퀴시 같은 기호의 책 도안을 포개어서 솜 구멍만 남기고 모두 테이프를 붙여요. 안에 솜을 납작하게 펴서 넣고, 테이프를 붙여서 솜 구멍을 막아요.

10

스퀴시북 스퀴시 2개 사이에 옆면 도안을 놓고, 약간의 여백을 주고 테이프로 연결해요. 나머지 스퀴시는 옆면 도안 가운데에 놓고 테이프로 연결해요. 책 겉에도 테이프를 붙여 더 튼튼하게 만들어요.

11

잠금 도안 잠금 도안에 벨크로나 양면테이프를 붙여 열고 닫을 수 있도록 만들어요.

12

쇼케이스 문 쇼케이스 문 도안을 위치에 놓고 위쪽에 테이프를 붙여요.

13

계산대 계산대 도안을 위치에 놓고 아래쪽에 테이프를 붙여요.

14

요리 테이블 요리 테이블 도안을 위치에 놓고 아래쪽에 테이프를 붙여요.

15

테이블 테이블 도안을 위치에 놓고 아래쪽에 테이프를 붙여요.

16

정리 스퀴시북에 소품들을 정리해요.

완성

소시지의 소시 굿즈샵

SOWONY

소워니놀이터
소시지의
소시 굿즈샵
SOSI GOODS SHOP
Goods shop

소워니 짱!
시워니 짱!

예쁜 굿즈가 가득~!!
소시지의 소시 굿즈샵
OPEN
1 2 3
4 5 6
7 8 9
0
CARD
SOSI GOODS SHOP
응원 굿즈
우주최강
소워니만
보여~
소워니 플래카드
시워니는 우주야
시워니 플래카드
응원봉

액세서리 굿즈
아크릴 키링
인형 키링
DOLL
피규어 굿즈

만드는 방법

만드는 방법 영상

1

코팅 책 도안은 손코팅지로 앞면만 코팅하고,
소품 도안은 양면을 코팅해요.

2

코팅 잠금 도안은 구부리기 쉽도록 투명 박스
테이프로 양면을 코팅해요.

3

양면테이프 떼었다 붙였다 하는 소품 뒷면에 투명
양면테이프를 붙여요.

4

오리기 선을 따라서 도안을 모두 오려요.

5

오리기 계산대와 가방 안은 칼로 오려요.

6

옆면 도안 옆면 도안 뒷면에 풀칠을 하고 도안
2장을 뒷면끼리 포개어 붙여요.

7

잠금 도안 책 도안 6 뒷면에 잠금 도안을 별표에 맞춰 놓고 테이프를 붙여요. 앞면도 테이프를 붙여 고정해요.

8

스퀴시 같은 기호의 책 도안을 포개어서 솜 구멍만 남기고 모두 테이프를 붙여요. 안에 솜을 납작하게 펴서 넣고, 테이프를 붙여서 솜 구멍을 막아요.

9

스퀴시북 스퀴시 2개 사이에 옆면 도안을 놓고, 약간의 여백을 주고 테이프로 연결해요. 나머지 스퀴시는 옆면 도안 가운데에 놓고 테이프로 연결해요.

10

스퀴시북 책 겉에도 테이프를 붙여 더 튼튼하게 만들어요.

11

잠금 도안 잠금 도안에 벨크로나 양면테이프를 붙여 열고 닫을 수 있도록 만들어요.

12

계산대 계산대 도안을 위치에 놓고 아래쪽에 테이프를 붙여요.

정리 스퀴시북에 소품들을 정리해요.

토토의 레트로 패션샵

마음에 드시면 입어 보세요!

만드는 방법

1

코팅 책 도안은 손코팅지로 앞면만 코팅하고, 소품 도안은 양면을 코팅해요.

2

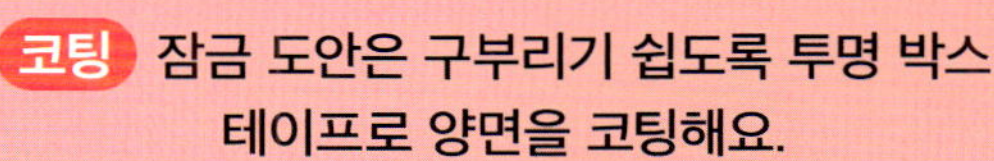

코팅 잠금 도안은 구부리기 쉽도록 투명 박스 테이프로 양면을 코팅해요.

3

양면테이프 떼었다 붙였다 하는 소품 뒷면에 투명 양면테이프를 붙여요.

4

오리기 선을 따라서 도안을 모두 오려요.

5

오리기 계산대 안은 칼로 오려요.

6

옆면 도안 옆면 도안 뒷면에 풀칠을 하고 도안 2장을 뒷면끼리 포개어 붙여요.

잠금 도안 책 도안 6 뒷면에 잠금 도안을 별표에 맞춰 놓고 테이프를 붙여요. 앞면도 테이프를 붙여 고정해요.

스퀴시 같은 기호의 책 도안을 포개어서 솜 구멍만 남기고 모두 테이프를 붙여요. 안에 솜을 납작하게 펴서 넣고, 테이프를 붙여서 솜 구멍을 막아요.

스퀴시북 스퀴시 2개 사이에 옆면 도안을 놓고, 약간의 여백을 주고 테이프로 연결해요. 나머지 스퀴시는 옆면 도안 가운데에 놓고 테이프로 연결해요.

스퀴시북 책 겉에도 테이프를 붙여 더 튼튼하게 만들어요.

잠금 도안 잠금 도안에 벨크로나 양면테이프를 붙여 열고 닫을 수 있도록 만들어요.

계산대 계산대 도안을 위치에 놓고 아래쪽에 테이프를 붙여요.

13

드레스룸 문 드레스룸 문 도안을 위치에 놓고 옆면에 테이프를 붙여요.

14

정리 스퀴시북에 소품들을 정리해요.

완성

햄찌의 먹방TV

오늘은 햄버거를
먹어 보겠습니다!
ON AIR
소워니놀이터
햄찌의
먹방TV
콜미
레몬 소다
PAPER CUP
Mukbang TV
Hamzzi
Mukbang TV
school
cafeteria
오늘의 메뉴
흰밥
계란프라이
미니 돈가스
야채샐러드
두부김치찌개
프렌치토스트
건강급식 소통함
FAST FOOD
햄버거 & 치킨 & 피자를 동시에!

만드는 방법

코팅 책 도안은 손코팅지로 앞면만 코팅하고, 소품 도안은 양면을 코팅해요.

코팅 잠금 도안은 구부리기 쉽도록 투명 박스 테이프로 양면을 코팅해요.

양면테이프 떼었다 붙였다 하는 소품 뒷면에 투명 양면테이프를 붙여요.

오리기 선을 따라서 도안을 모두 오려요.

오리기 컵라면, 감자튀김 박스, 치킨 박스, 어묵 그릇 안은 칼로 오려요.

옆면 도안 옆면 도안 뒷면에 풀칠을 하고 도안 2장을 뒷면끼리 포개어 붙여요.

7

잠금 도안 책 도안 6 뒷면에 잠금 도안을 별표에 맞춰 놓고 테이프를 붙여요. 앞면도 테이프를 붙여 고정해요.

8

스퀴시 같은 기호의 책 도안을 포개어서 솜 구멍만 남기고 모두 테이프를 붙여요. 안에 솜을 납작하게 펴서 넣고, 테이프를 붙여서 솜 구멍을 막아요.

9

스퀴시북 스퀴시 2개 사이에 옆면 도안을 놓고, 약간의 여백을 주고 테이프로 연결해요. 나머지 스퀴시는 옆면 도안 가운데에 놓고 테이프로 연결해요.

10

스퀴시북 책 겉에도 테이프를 붙여 더 튼튼하게 만들어요.

11

잠금 도안 잠금 도안에 벨크로나 양면테이프를 붙여 열고 닫을 수 있도록 만들어요.

12

방 테이블 방 테이블 도안을 위치에 놓고 양옆과 아래쪽에 테이프를 붙여요.

13

급식실 테이블 급식실 테이블 도안을 위치에 놓고 양옆과 아래쪽에 테이프를 붙여요.

14

분식집 테이블 분식집 테이블 도안을 위치에 놓고 양옆과 아래쪽에 테이프를 붙여요.

15

편의점 테이블 편의점 테이블 도안을 위치에 놓고 양옆과 아래쪽에 테이프를 붙여요.

16

정리 스퀴시북에 소품들을 정리해요.

완성

몽실이의 보안관 사무소

안전!
무엇을 도와드릴까요?
오늘 할 일
□분실물 체크
□동네 순찰 돌기
□아이스크림 먹기
안전 중요
소워니놀이터
몽실이의
보안관 사무소
보안관 사무소
안전 수칙
분실물 게시판
햇빛을 가려주는 모자를 잃어버려서 얼굴이 다 탔어요.
양말 한 짝이 없어져서 발이 시려워요~.
곧 시험인데 공부가 제일 잘되는 연필을 잃어버렸어요!
몽실
SHERIFF

만드는 방법

1

코팅 책 도안은 손코팅지로 앞면만 코팅하고, 소품 도안은 양면을 코팅해요.

2

코팅 잠금 도안은 구부리기 쉽도록 투명 박스 테이프로 양면을 코팅해요.

3

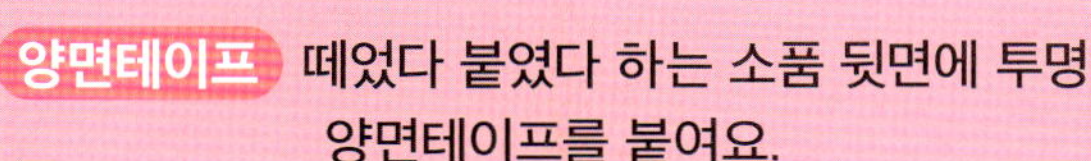

양면테이프 떼었다 붙였다 하는 소품 뒷면에 투명 양면테이프를 붙여요.

4

오리기 선을 따라서 도안을 모두 오려요.

5

옆면 도안 옆면 도안 뒷면에 풀칠을 하고 도안 2장을 뒷면끼리 포개어 붙여요.

6

잠금 도안 책 도안 6 뒷면에 잠금 도안을 별표에 맞춰 놓고 테이프를 붙여요. 앞면도 테이프를 붙여 고정해요.

7

스퀴시 같은 기호의 책 도안을 포개어서 솜 구멍만 남기고 모두 테이프를 붙여요. 안에 솜을 납작하게 펴서 넣고, 테이프를 붙여서 솜 구멍을 막아요.

8

스퀴시북 스퀴시 2개 사이에 옆면 도안을 놓고, 약간의 여백을 주고 테이프로 연결해요. 나머지 스퀴시는 옆면 도안 가운데에 놓고 테이프로 연결해요.

9

스퀴시북 책 겉에도 테이프를 붙여 더 튼튼하게 만들어요.

10

잠금 도안 잠금 도안에 벨크로나 양면테이프를 붙여 열고 닫을 수 있도록 만들어요.

11

사무소 문 사무소 문 도안을 위치에 놓고 옆쪽에 테이프를 붙여요.

12

아이스크림 가판대 아이스크림 가판대 도안을 위치에 놓고 아래쪽에 테이프를 붙여요.

13

쓰레기통 쓰레기통 도안을 위치에 놓고 옆쪽에 테이프를 붙여요.

14

정리 스퀴시북에 소품들을 정리해요.

완성

토깽이 동생 토리 돌보기

소워니놀이터
토깽이 동생
토리 돌보기

귀여운 토리
보실래요?

만드는 방법

1

코팅 책 도안은 손코팅지로 앞면만 코팅하고, 소품 도안은 양면을 코팅해요.

2

코팅 잠금 도안은 구부리기 쉽도록 투명 박스 테이프로 양면을 코팅해요.

3

양면테이프 떼었다 붙였다 하는 소품 뒷면에 투명 양면테이프를 붙여요.

4

오리기 선을 따라서 도안을 모두 오려요.

5

오리기 보행기 안과 당근밭 안은 칼로 오려요.

6

옆면 도안 옆면 도안 뒷면에 풀칠을 하고 도안 2장을 뒷면끼리 포개어 붙여요.

7

잠금 도안 책 도안 6 뒷면에 잠금 도안을 별표에 맞춰 놓고 테이프를 붙여요. 앞면도 테이프를 붙여 고정해요.

8

스퀴시 같은 기호의 책 도안을 포개어서 솜 구멍만 남기고 모두 테이프를 붙여요. 안에 솜을 납작하게 펴서 넣고, 테이프를 붙여서 솜 구멍을 막아요.

9

스퀴시북 스퀴시 2개 사이에 옆면 도안을 놓고, 약간의 여백을 주고 테이프로 연결해요. 나머지 스퀴시는 옆면 도안 가운데에 놓고 테이프로 연결해요.

10

스퀴시북 책 겉에도 테이프를 붙여 더 튼튼하게 만들어요.

11

잠금 도안 잠금 도안에 벨크로나 양면테이프를 붙여 열고 닫을 수 있도록 만들어요.

12

계곡물 계곡물 도안을 위치에 놓고 아래쪽과 양옆에 테이프를 붙여요.

13

당근밭 당근밭 도안을 위치에 놓고 위아래와 양옆에 테이프를 붙여요.

14

식탁 식탁 도안을 위치에 놓고 아래쪽에 테이프를 붙여요.

15

정리 스퀴시북에 소품들을 정리해요.

완성

소워니의 러브하우스

따라라라란~.
저희 집에 오신 걸
환영합니다.
소워니놀이터
소워니의
러브하우스
LOVE
HOUSE
FRESH
MILK
CUP
I LIKE STRAWBERRIES

만드는 방법

만드는 방법 영상

코팅 책 도안은 손코팅지로 앞면만 코팅하고, 소품 도안은 양면을 코팅해요.

코팅 잠금 도안은 구부리기 쉽도록 투명 박스 테이프로 양면을 코팅해요.

양면테이프 떼었다 붙였다 하는 소품 뒷면에 투명 양면테이프를 붙여요.

오리기 선을 따라서 도안을 모두 오려요. 토스트기 안은 칼로 오려요.

옷장 문 옷장에 문 도안을 올려 놓고 옆쪽에 테이프를 붙여요.

옆면 도안 옆면 도안 뒷면에 풀칠을 하고 도안 2장을 뒷면끼리 포개어 붙여요.

7

잠금 도안 책 도안 6 뒷면에 잠금 도안을 별표에 맞춰 놓고 테이프를 붙여요. 앞면도 테이프를 붙여 고정해요.

8

스퀴시 같은 기호의 책 도안을 포개어서 솜 구멍만 남기고 모두 테이프를 붙여요. 안에 솜을 납작하게 펴서 넣고, 테이프를 붙여서 솜 구멍을 막아요.

9

스퀴시북 스퀴시 2개 사이에 옆면 도안을 놓고, 약간의 여백을 주고 테이프로 연결해요. 나머지 스퀴시는 옆면 도안 가운데에 놓고 테이프로 연결해요. 책 겉에도 테이프를 붙여 더 튼튼하게 만들어요.

10

잠금 도안 잠금 도안에 벨크로나 양면테이프를 붙여 열고 닫을 수 있도록 만들어요.

11

부엌 서랍장 문 부엌 서랍장 문 도안을 위치에 놓고 옆쪽에 테이프를 붙여요.

12

냉장고 냉장고 문 도안을 위치에 놓고 옆쪽에 테이프를 붙여요.

13

식탁 식탁 도안을 위치에 놓고 아래쪽에 테이프를 붙여요.

14

책상, 피아노 책상과 피아노 도안을 위치에 놓고 아래쪽에 테이프를 붙여요.

15

소품 정리 도안 소품 정리 도안을 위치에 놓고 위쪽에 테이프를 붙여요.

16

정리 스퀴시북에 소품들을 정리해요.

완성

시워니의 간식 병원

이런!
증상이 심각하군요.
어서 이 젤리를
드세요.

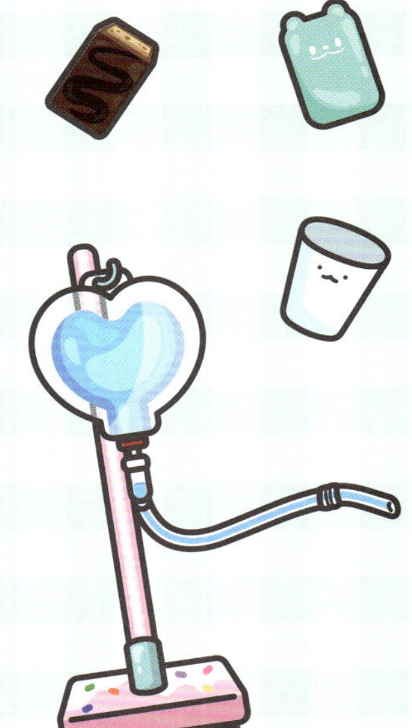

만드는 방법

만드는 방법 영상

1

코팅 책 도안은 손코팅지로 앞면만 코팅하고, 소품 도안은 양면을 코팅해요.

2

코팅 잠금 도안은 구부리기 쉽도록 투명 박스 테이프로 양면을 코팅해요.

3

양면테이프 떼었다 붙였다 하는 소품 뒷면에 투명 양면테이프를 붙여요.

4

오리기 선을 따라서 도안을 모두 오려요. 안내 데스크 안은 칼로 오려요.

5

옆면 도안 옆면 도안 뒷면에 풀칠을 하고 도안 2장을 뒷면끼리 포개어 붙여요.

6

잠금 도안 책 도안 6 뒷면에 잠금 도안을 별표에 맞춰 놓고 테이프를 붙여요. 앞면도 테이프를 붙여 고정해요.

7

스퀴시 같은 기호의 책 도안을 포개어서 솜 구멍만 남기고 모두 테이프를 붙여요. 안에 솜을 납작하게 펴서 넣고, 테이프를 붙여서 솜 구멍을 막아요.

8

스퀴시북 스퀴시 2개 사이에 옆면 도안을 놓고, 약간의 여백을 주고 테이프로 연결해요. 나머지 스퀴시는 옆면 도안 가운데에 놓고 테이프로 연결해요.

9

스퀴시북 책 겉에도 테이프를 붙여 더 튼튼하게 만들어요.

10

잠금 도안 잠금 도안에 벨크로나 양면테이프를 붙여 열고 닫을 수 있도록 만들어요.

11

안내 데스크 안내 데스크 도안을 위치에 놓고 아래쪽에 테이프를 붙여요.

12

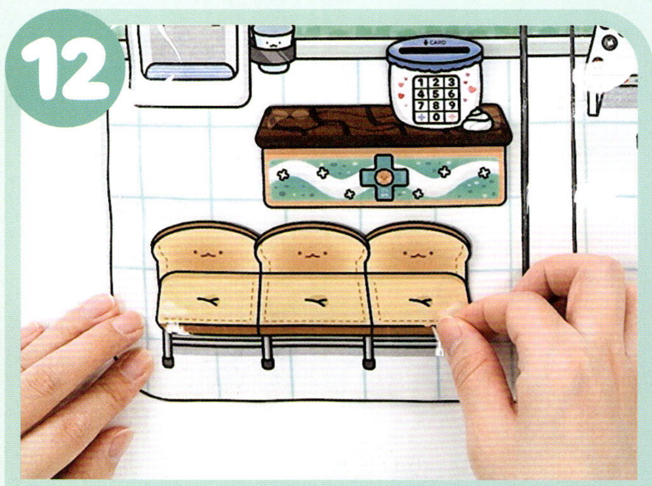

대기 의자 대기 의자 도안을 위치에 놓고 아래쪽에 테이프를 붙여요.

13

소품 정리판 소품 정리판 도안을 위치에 놓고 옆쪽에 테이프를 붙여요.

14

처방전 정리 도안 처방전 정리 도안을 위치에 놓고 위쪽에 테이프를 붙여요.

15

약 봉투 정리함 약 봉투 정리함 도안을 위치에 놓고 아래쪽과 양옆에 테이프를 붙여요.

16

정리 스퀴시북에 소품들을 정리해요.

완성

소워니놀이터

SOWONY PLAYGROUND

▼ 책 도안 1

유통기한 : 끝도 없당근
당근 에너지 충전♥
098 765 4
CARROT LOTION
500ML
소워니놀이터
토깽이의
당근 목욕탕
당목탕
벨크로
이용요금
3,000원
목욕합니당근

A

▼ 책 도안 2

A

▼ 책 도안 3

당근 목욕탕
당근주스 500원!
당근 주스
이용요금 3,000원
00.0KG
1 2 3
4 5 6
7 8 9
CARD
0
WELCOME

B

▼ 책 도안 4

B

▼ 책 도안 5

C

▼ 책 도안 6

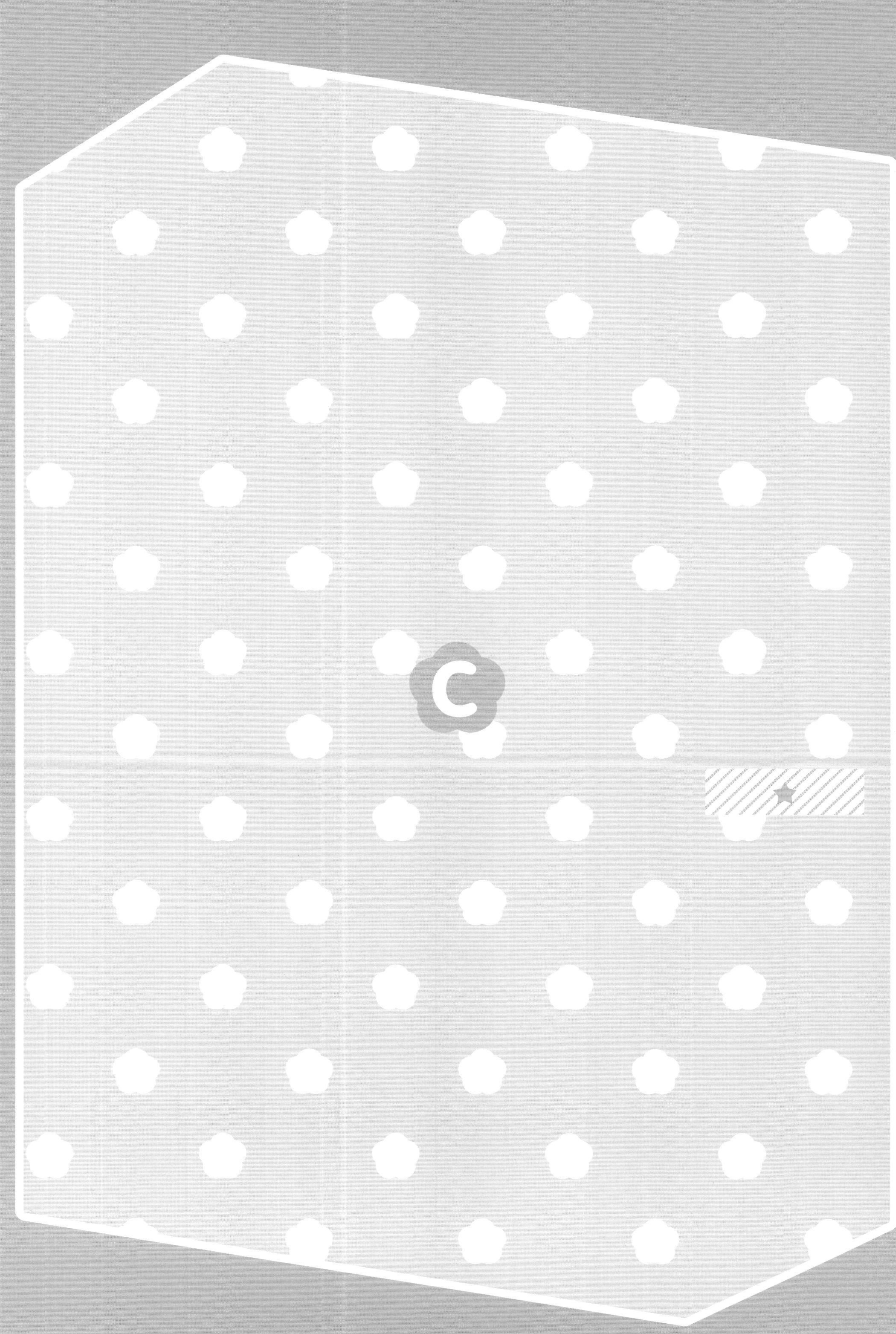
C

투명 박스 테이프 / 양면

▼ 잠금 도안

▼ 옆면 도안

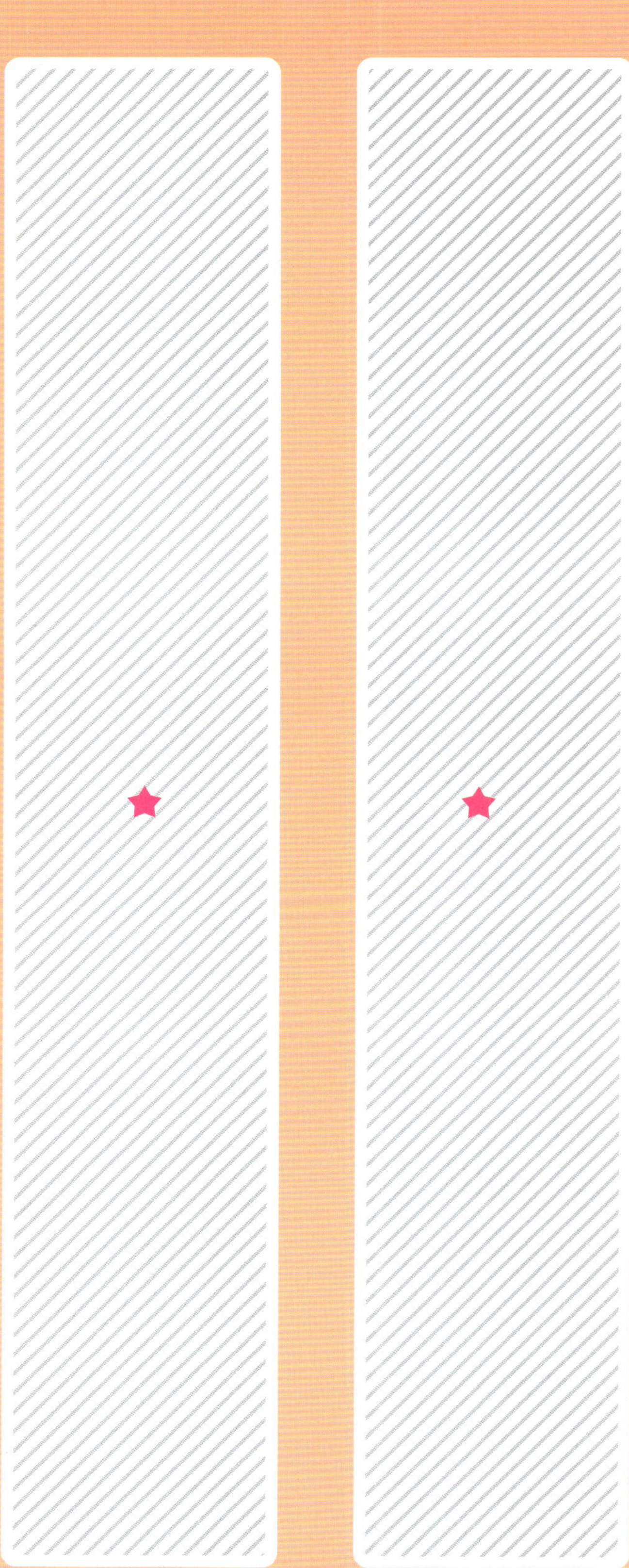

토깽
토토
햄찌
소품
당근 목욕탕
당근 목욕탕
CARD
촉촉 바디 로션
CARROT LOTION
500ML
1001
1002
거품 퐁퐁
샴푸
거품 퐁퐁
바디 워시
당근 주스
당근 주스
당근 주스
당근 주스

▼ 소품
▼ 사물함 문
1002
1001
▼ 냉장고 문
COOL DRINK
▼ 계산대
당근 목욕탕
1 2 3
4 5 6
7 8 9
0
CARD
▼ 세신 베드

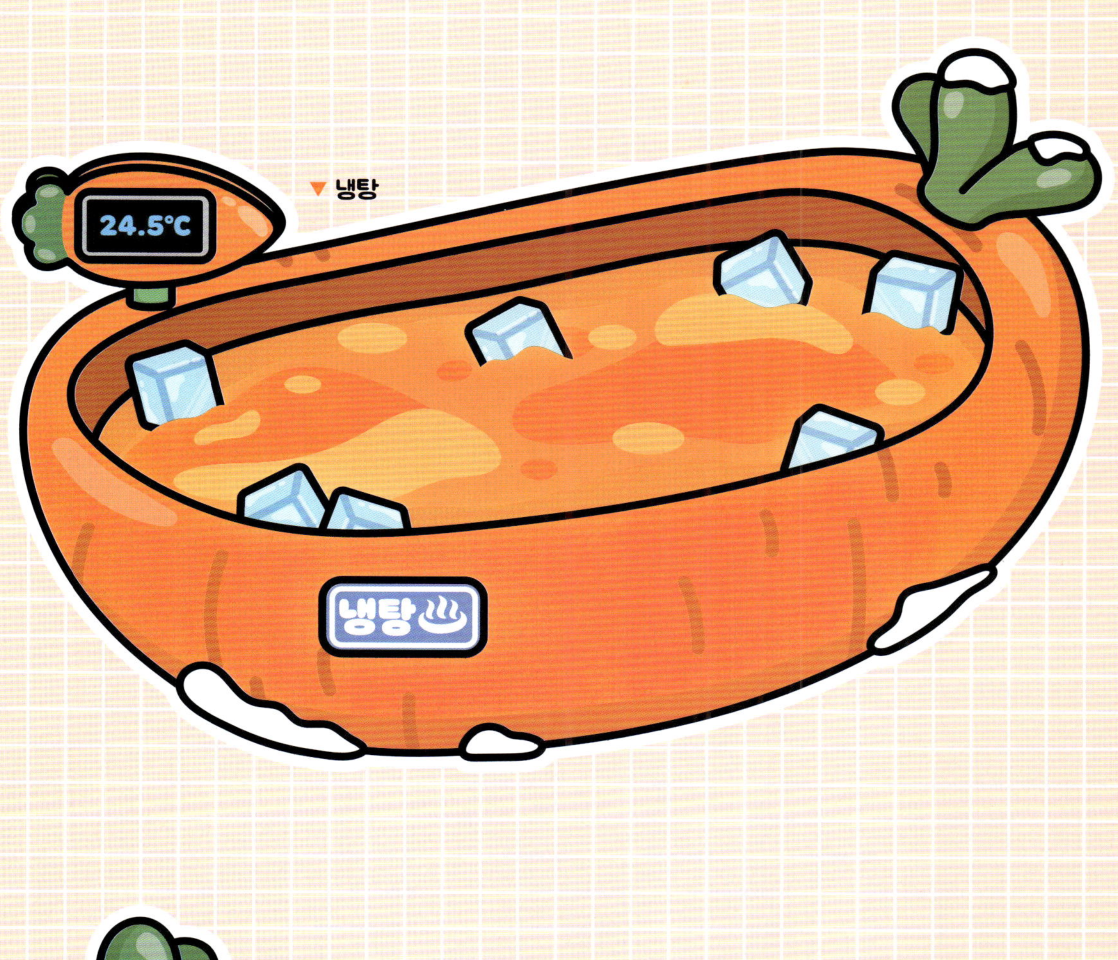
▼ 냉탕
24.5℃
냉탕♨

▼ 온탕
39.0℃
온탕♨

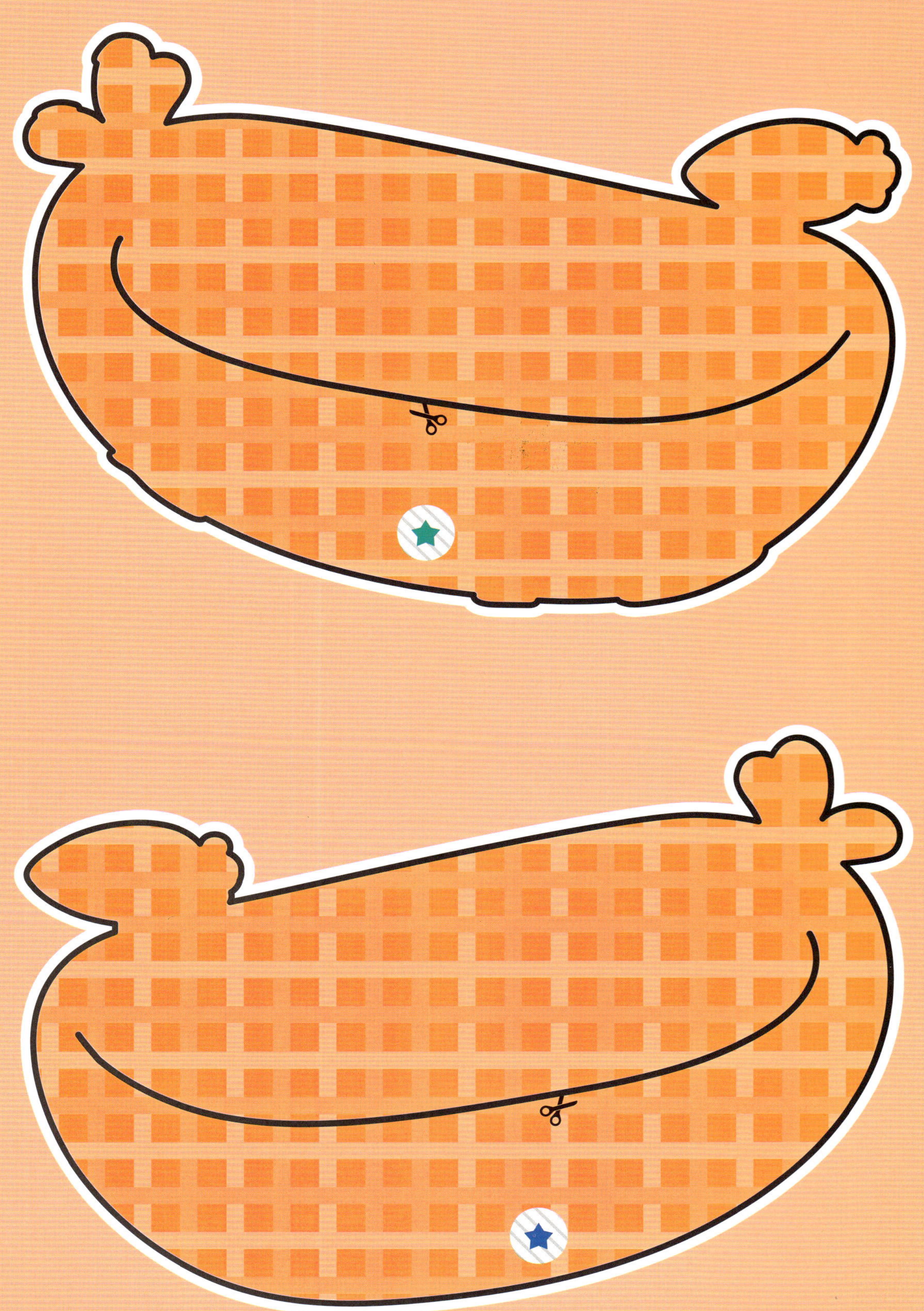

▼ 책 도안 1

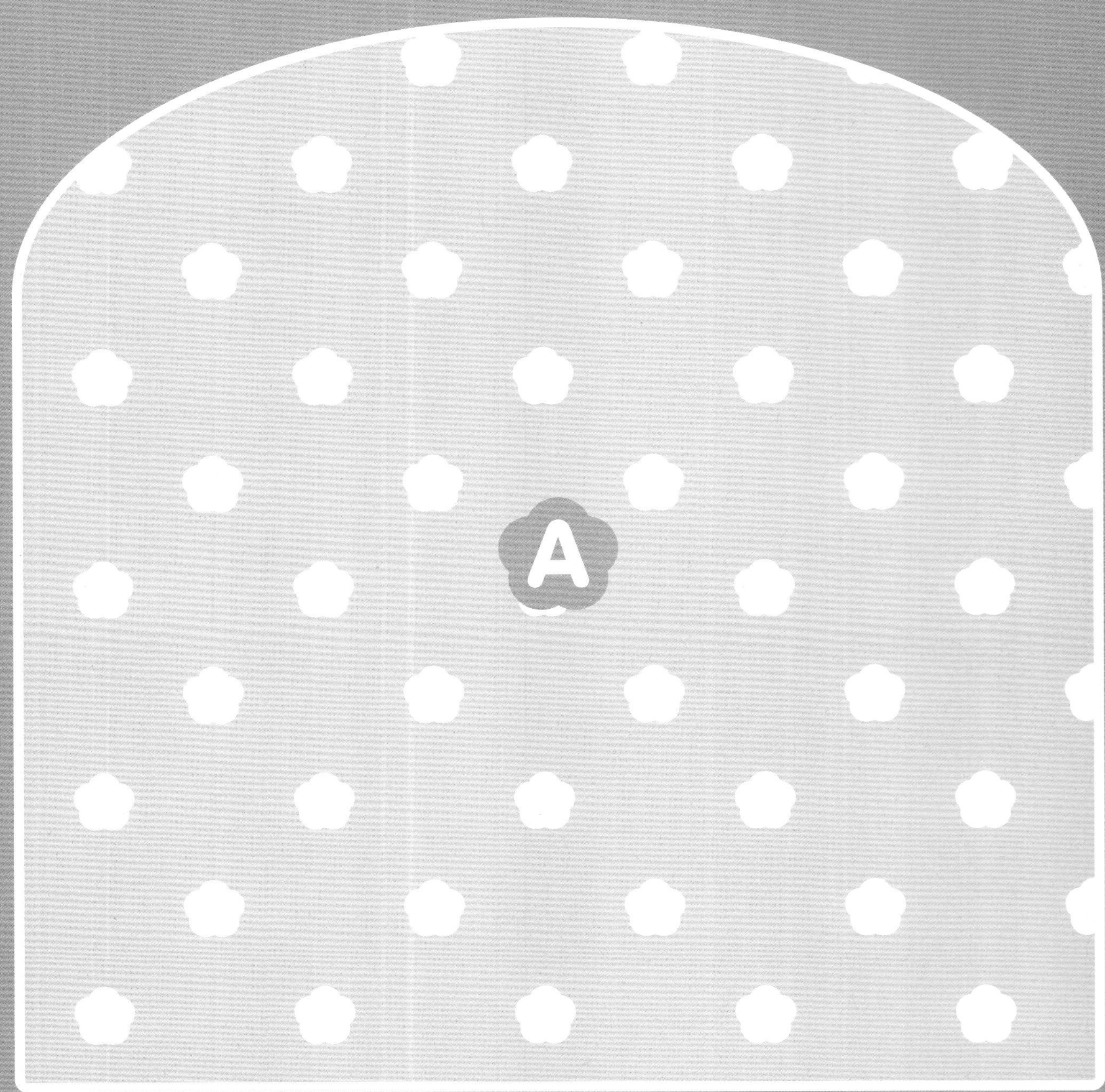
A

▼ 책 도안 2

냥냥이의
고양이 카페
냥식빵
냥푸딩
냥카롱
냥쿠키
2000원
MENU
냥펀치 소다
3500원
냥타로 밀크티
3500원
냥푸치노
3000원
냥코코아
3000원
냥식빵
냥푸딩
냥카롱
냥쿠키
1 2 3
4 5 6
7 8 9
0
CARD
WELCOME

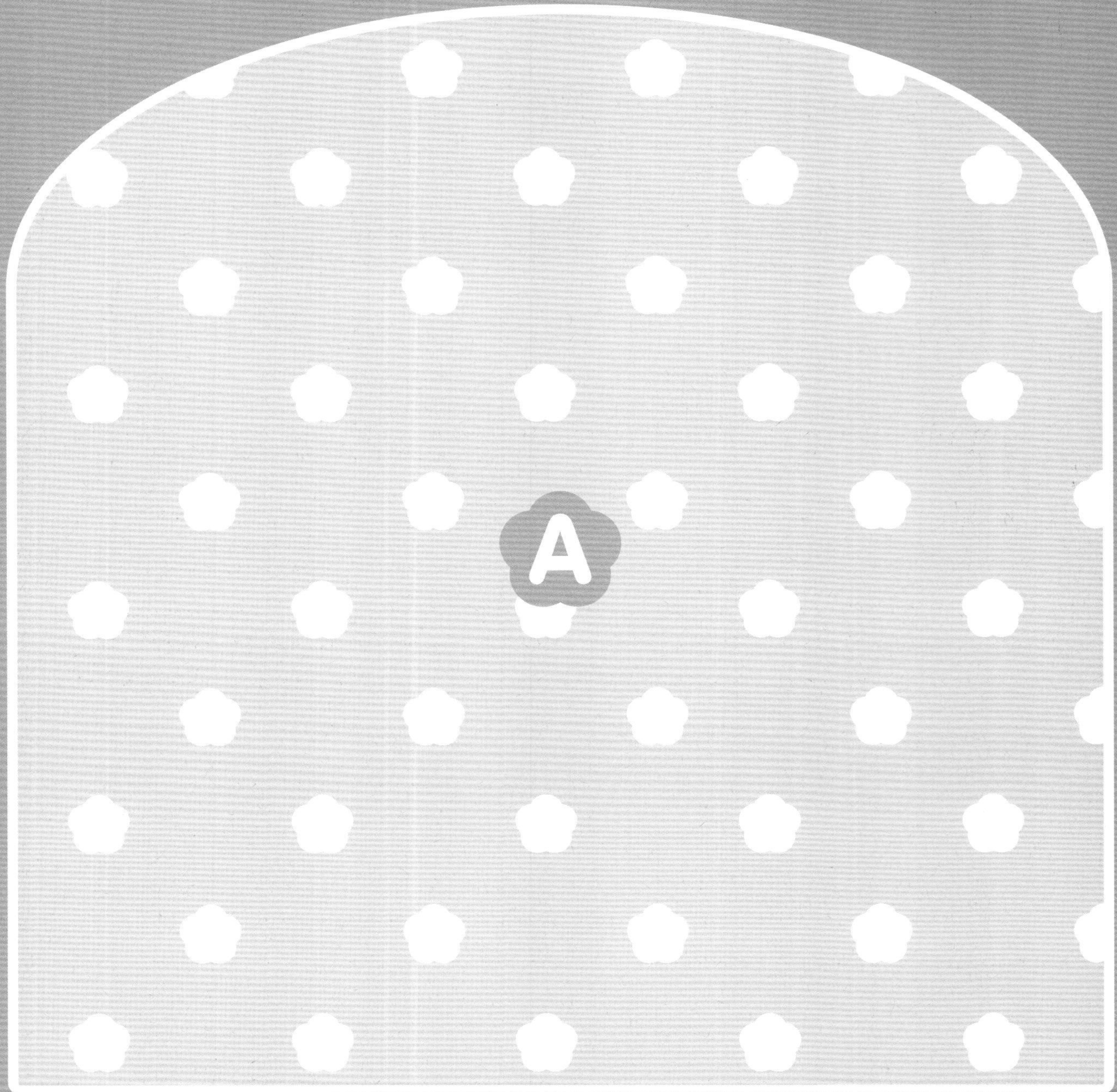
A

▼ 책 도안 3

HOW TO MAKE
냥펀치 소다 : 탄산수 + 멜론 시럽 + 아이스크림 + 체리
냥타로 밀크티 : 우유 + 타로 파우더 + 은하수 토핑
냥코코아 : 우유 + 코코아 파우더 + 발바닥 마시멜로
냥푸치노 : 에스프레소 + 우유 부어서 모양 만들기

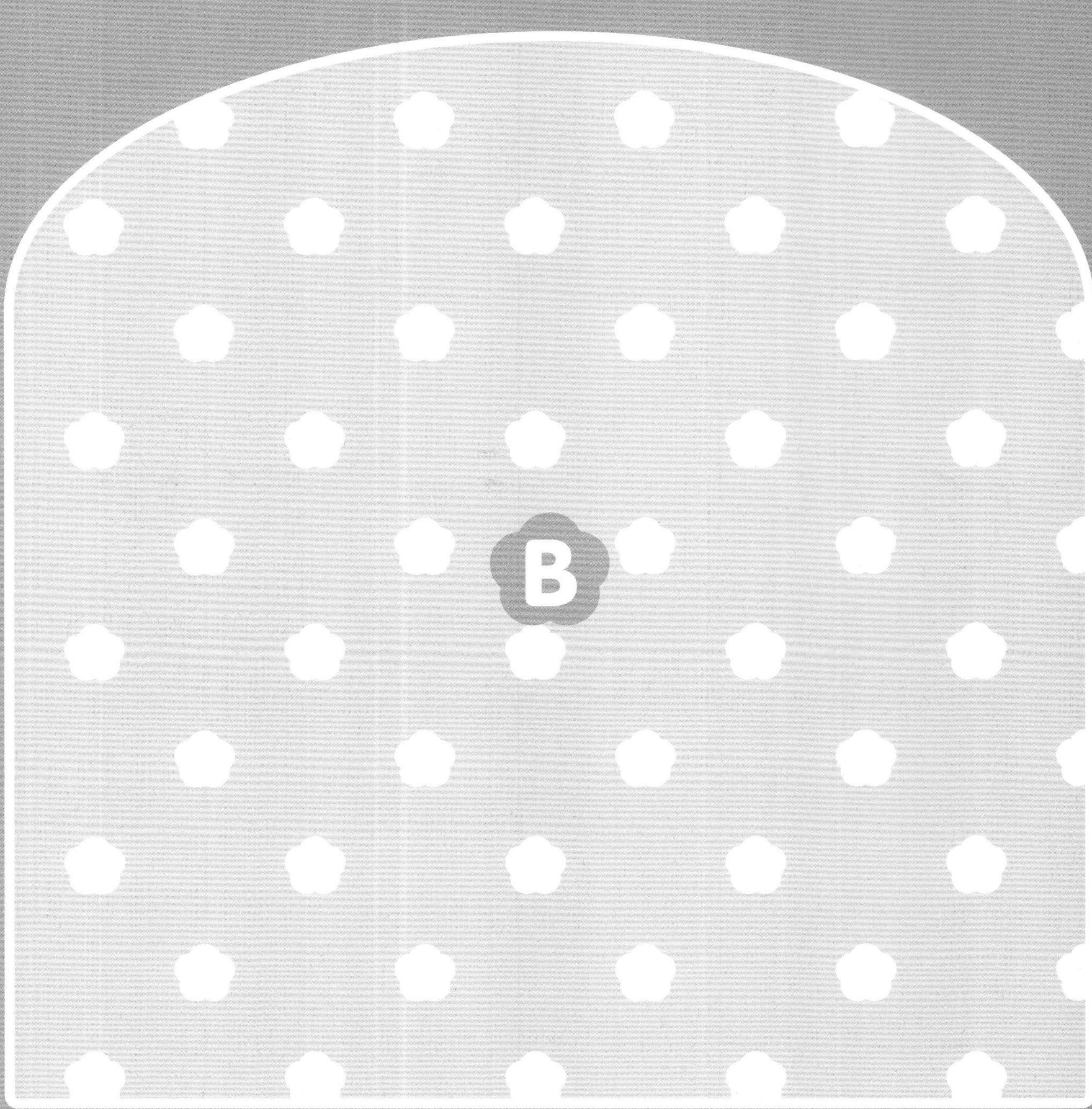
B

▼ 책 도안 4

B

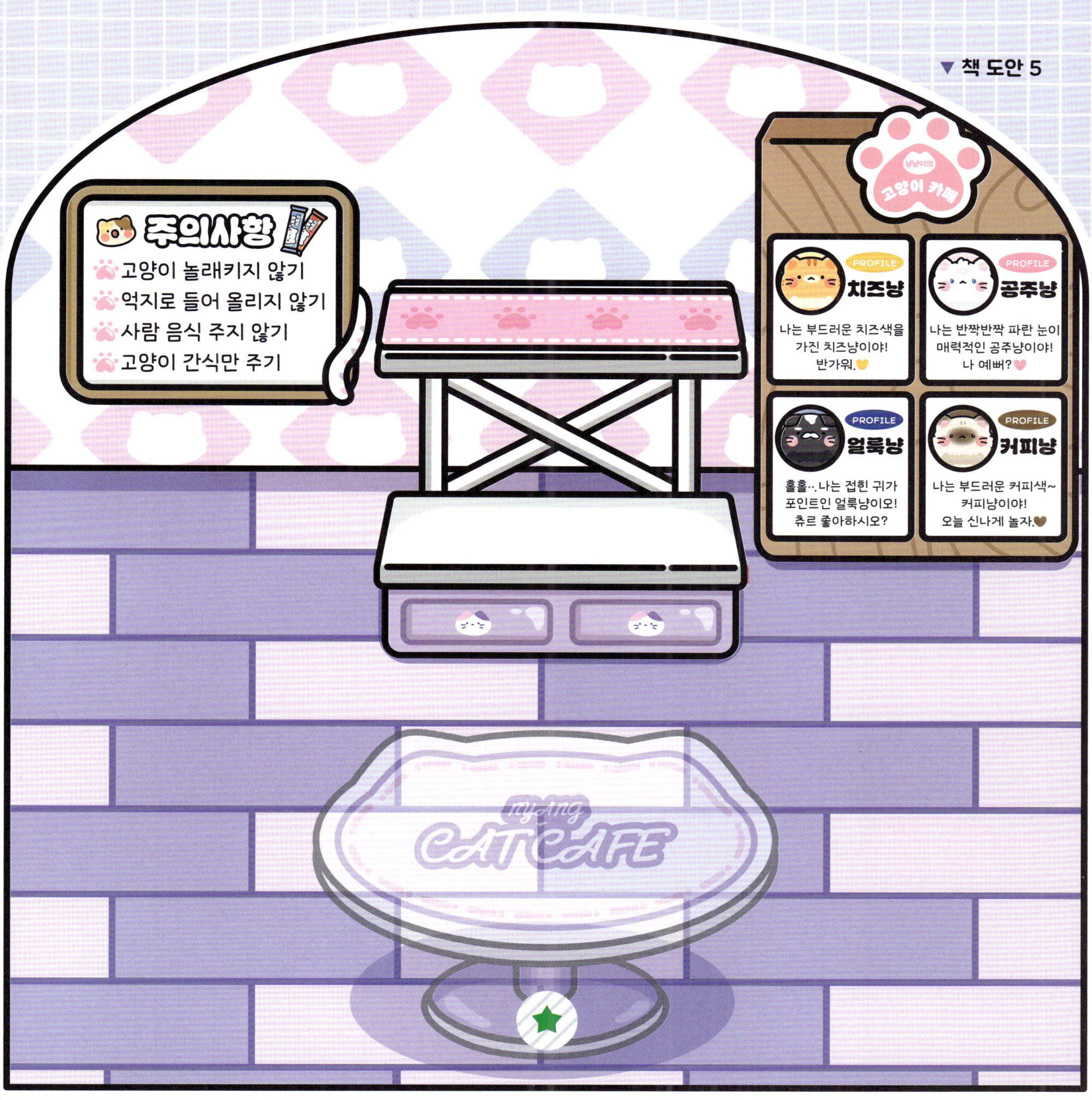
▼ 책 도안 5
주의사항
고양이 놀래키지 않기
억지로 들어 올리지 않기
사람 음식 주지 않기
고양이 간식만 주기
냥냥이의
고양이 카페
PROFILE
치즈냥
나는 부드러운 치즈색을 가진 치즈냥이야! 반가워.
PROFILE
공주냥
나는 반짝반짝 파란 눈이 매력적인 공주냥이야! 나 예뻐?
PROFILE
얼룩냥
홀홀…. 나는 접힌 귀가 포인트인 얼룩냥이오! 츄르 좋아하시오?
PROFILE
커피냥
나는 부드러운 커피색~ 커피냥이야! 오늘 신나게 놀자.
CAT CAFE

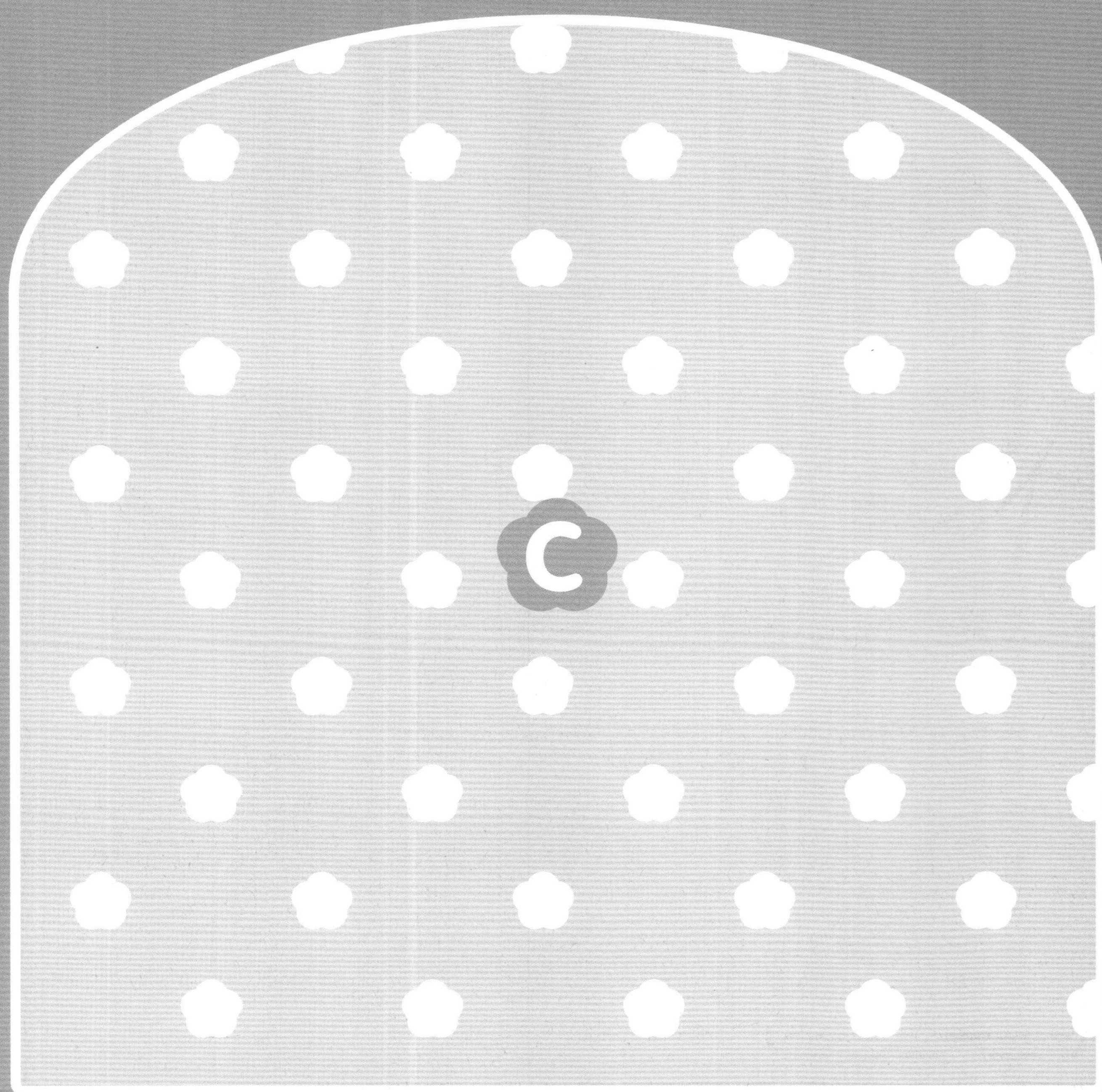
C

▼ 책 도안 6

소워니놀이터
냥냥이의
고양이 카페
고양이 카페
치즈냥
나는 부드러운 치즈색을 가진 치즈냥이야! 반가워.
공주냥
나는 반짝반짝 파란 눈이 매력적인 공주냥이야! 나 예뻐?
얼룩냥
훌훌…나는 접힌 귀가 포인트인 얼룩냥이오! 츄르 좋아하시오?
커피냥
나는 부드러운 커피색~ 커피냥이야! 오늘 신나게 놀자.
MENU
냥펀치 소다 3500원
냥타로 밀크티 3500원
냥푸치노 3000원
냥코코아 3000원
냥식빵
냥푸딩
냥카롱
냥쿠키
2000원
©소워니놀이터 All rights reserved

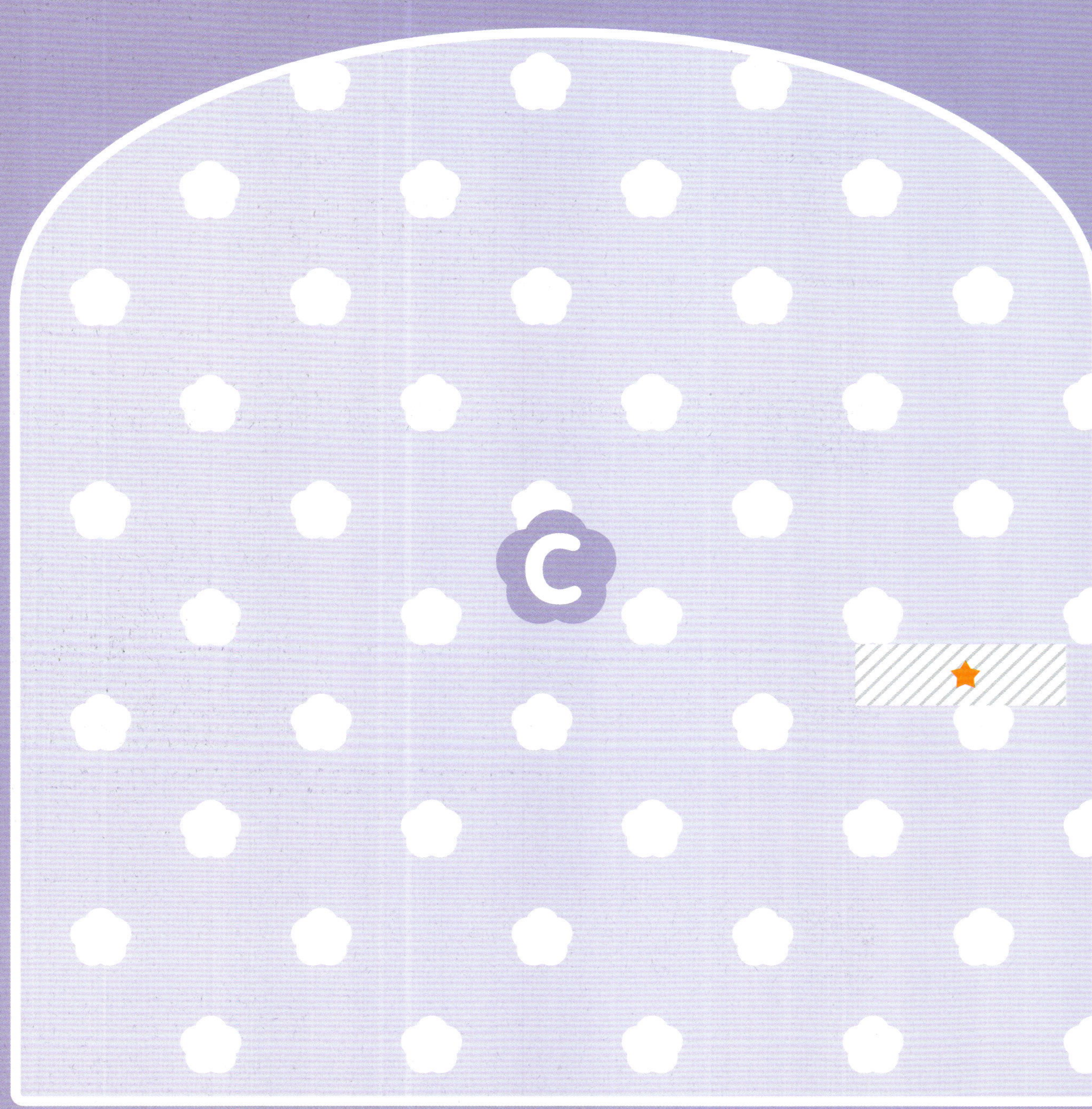
C

▼ 옆면 도안

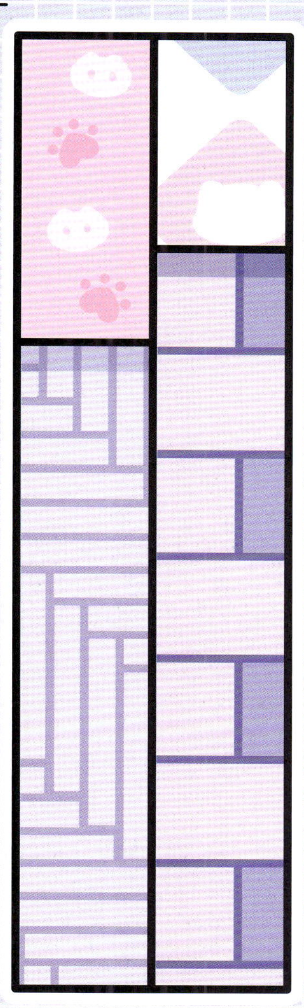

투명 박스 테이프 / 양면

▼ 잠금 도안

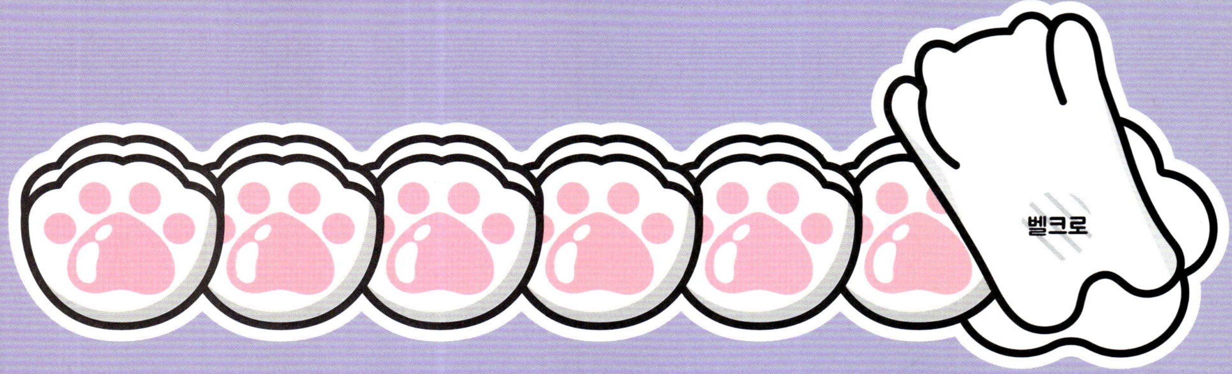
벨크로

▼ 치즈냥

▼ 얼룩냥

▼ 공주냥

▼ 커피냥

▼ 시워니

▼ 소워니

▼ 냥냥

▼ 소품

▼ 소품
고양이 츄르
고양이 츄르
고양이 츄르
고양이 츄르
myAng CAT CAFE
SW COMPANY
냠냠 맛있는~
고양이 츄르
▼ 쇼케이스 문
▼ 계산대
1 2 3
4 5 6
7 8 9
0
CARD
myAng CAT CAFE
▼ 요리 테이블

▼ 책 도안 1

A

▼ 책 도안 2

예쁜 굿즈가 가득~!!
소시지의 소시 굿즈샵
OPEN
HAPPY MONGSIL
I LOVE STRAWBERRY
1 2 3 4 5 6 7 8 9 0
CARD
소워니
시워니
SOSI GOODS SHOP
응원 굿즈
소워니 플래카드
응원봉
시워니 플래카드

A

▼ 책 도안 3

B

▼ 책 도안 4

B

▼ 책 도안 5

C

▼ 책 도안 6

C

▼ 옆면 도안

투명 박스 테이프 / 양면

▼ 잠금 도안

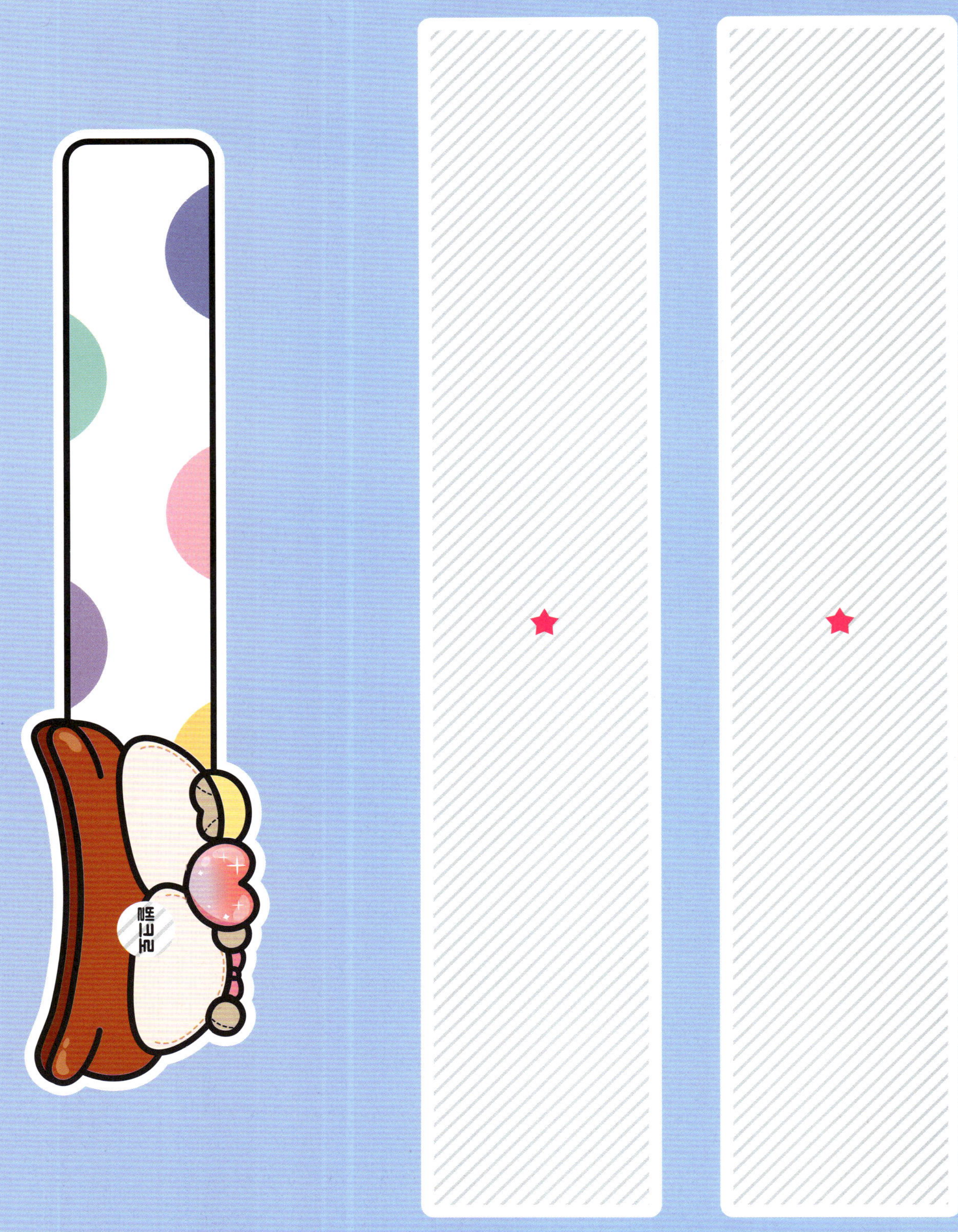

▼ 소품
▼ 소시지
사장님
우 주 최 강
소워니만
보여~♥
시워니는 우주야
swpen
swpen
swpen

▼ 소품

SOWONY

SIWONY

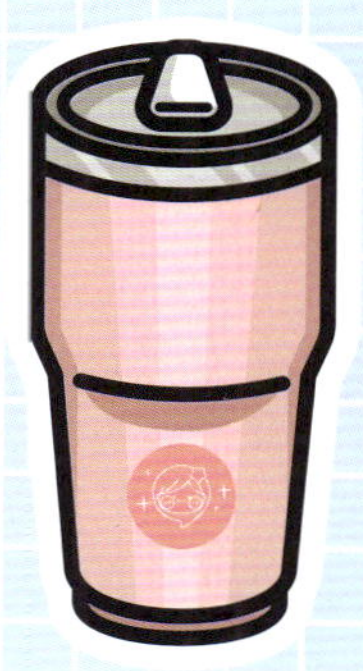

BLUE DIARY
사랑해

CHERRY DIARY

12
3
6
9

masking tape

masking tape
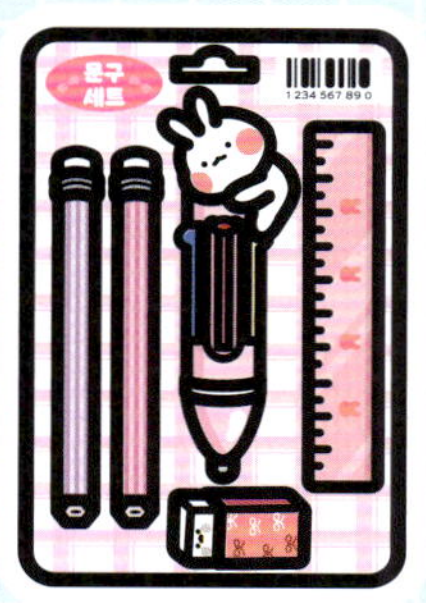
문구 세트
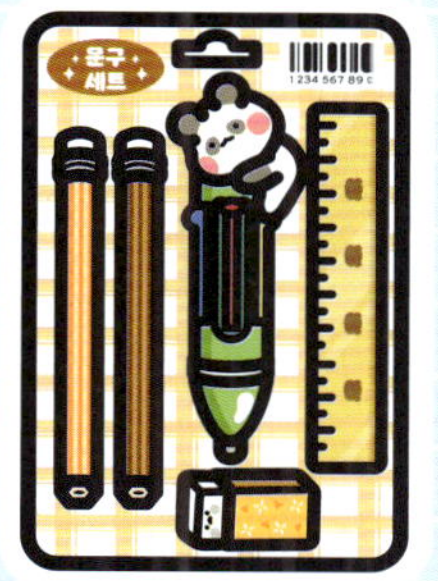
문구 세트

I LOVE STRAWBERRY

ON

ON

HAPPY MONGSIL

I LOVE YOU

I LOVE YOU

CARD

▼ 계산대

1 2 3
4 5 6
7 8 9
0
CARD
SOSI GOODS SHOP

POSTCARD
POSTCARD
POSTCARD

▼ 책 도안 1

radio
FM
MHz
108
103
98
93
88
AM
KHz
토토의
레트로 매션샵
소워니놀이터
PLAY
TAPE
RETRO

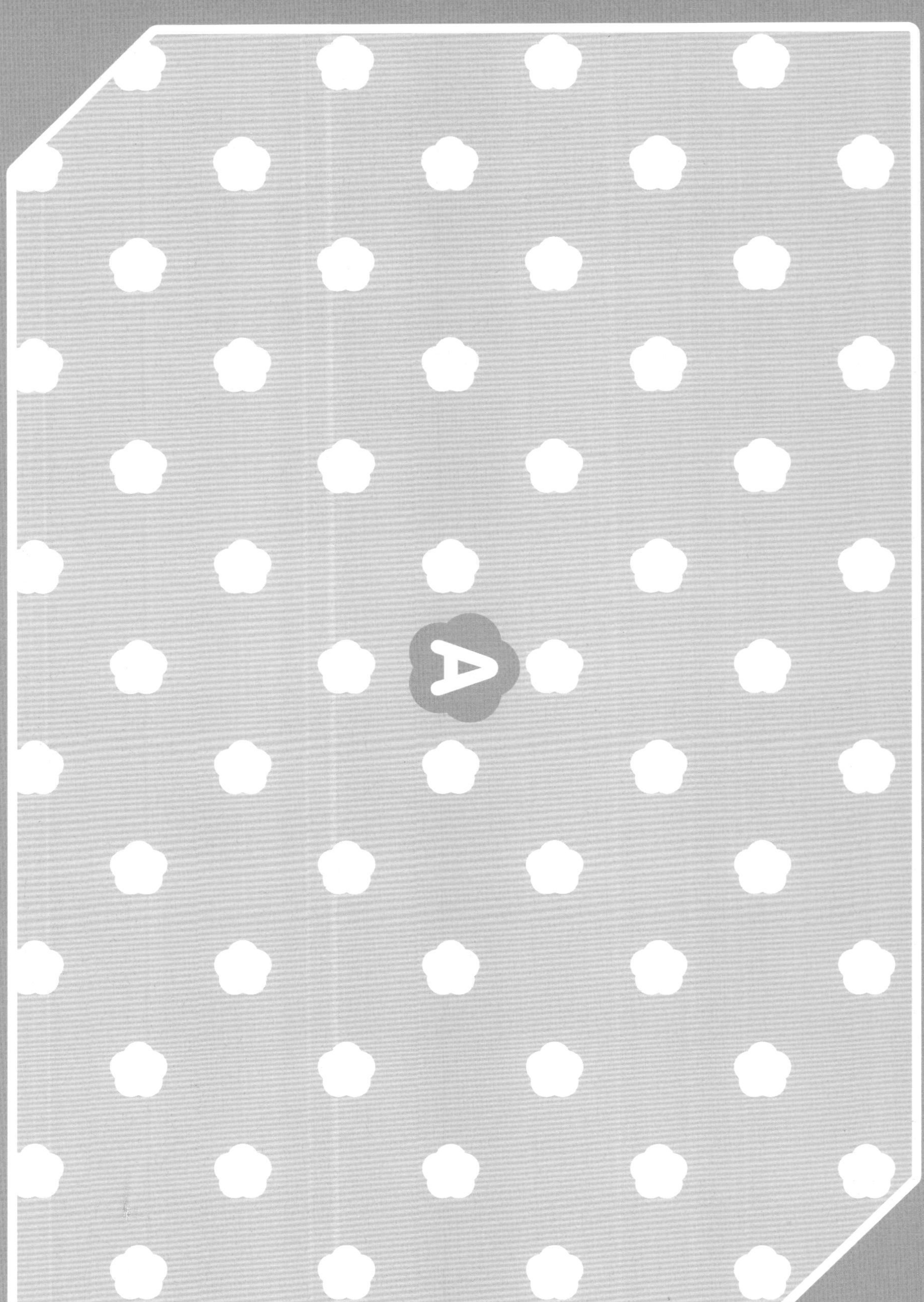
A

▼ 책 도안 2

RETRO
TAPE
1 2 3
4 5 6
7 8 9
0
CARD
09.02일 원단 주문하기!
RETRO
FASHION
FASHION
RETRO
SHOP
RETRO
사랑스러운 느낌!
체리
콘셉트
WELCOME

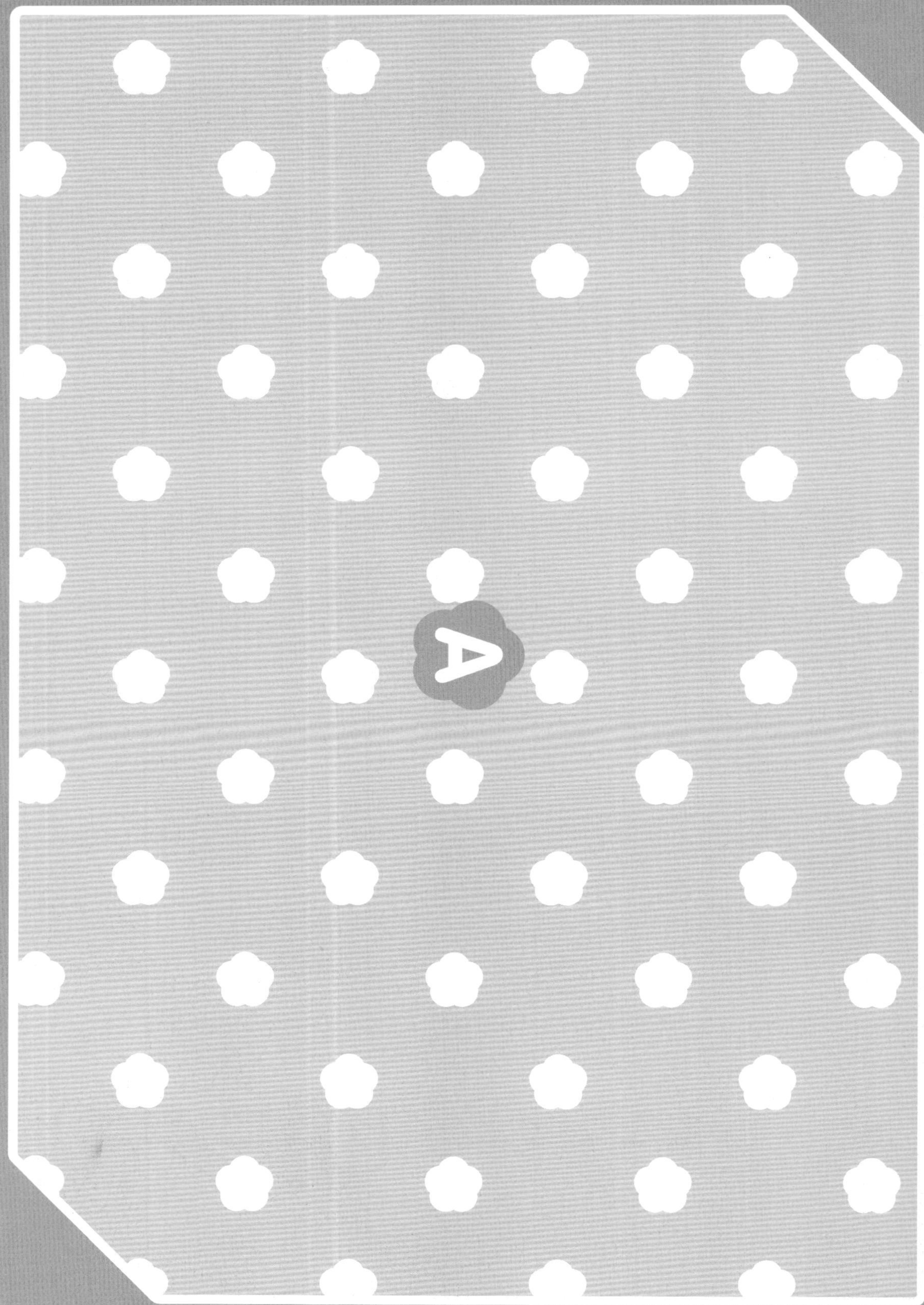
A

▼ 책 도안 3

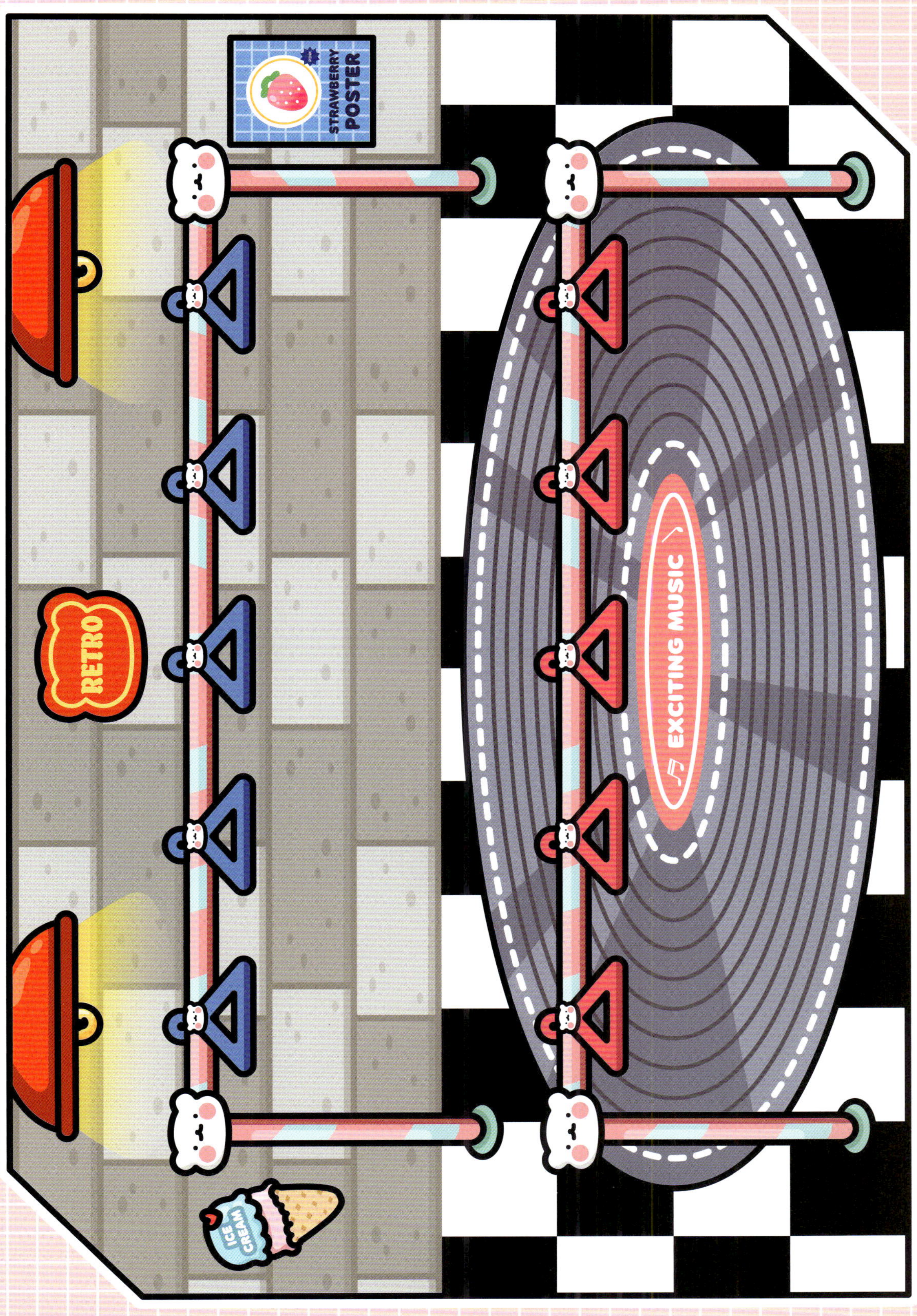

B

책 도안 4

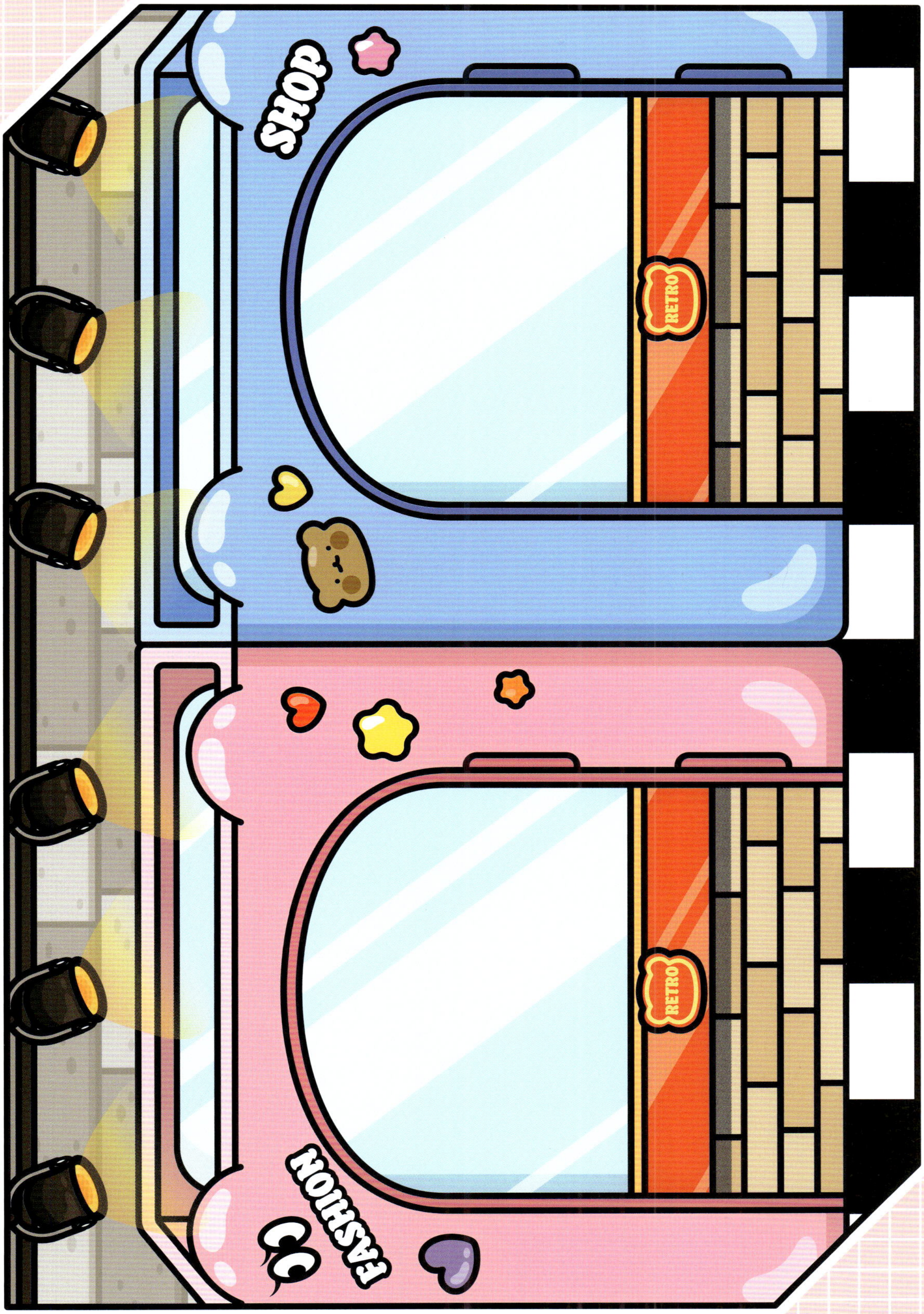

B

▼ 책 도안 5

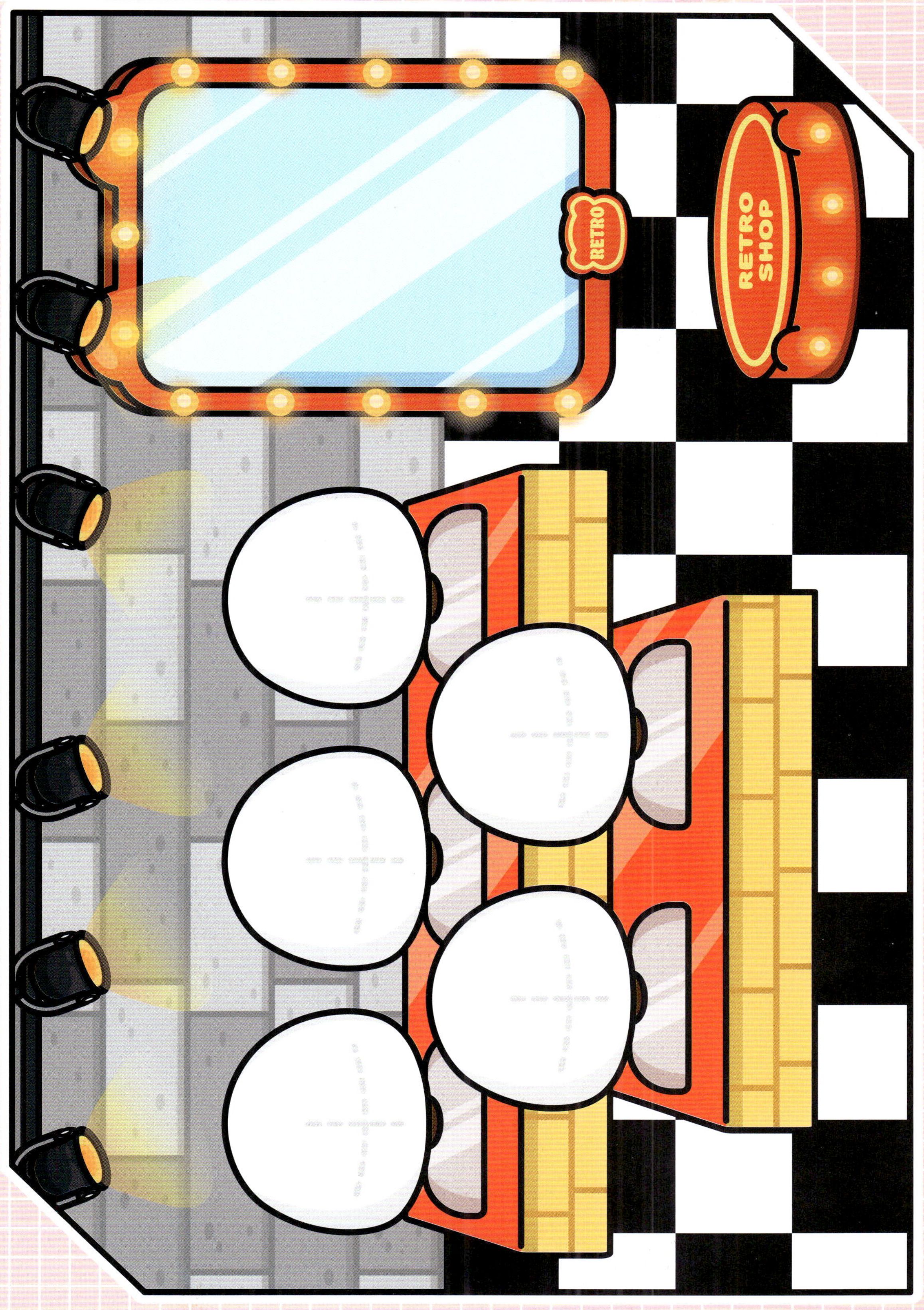

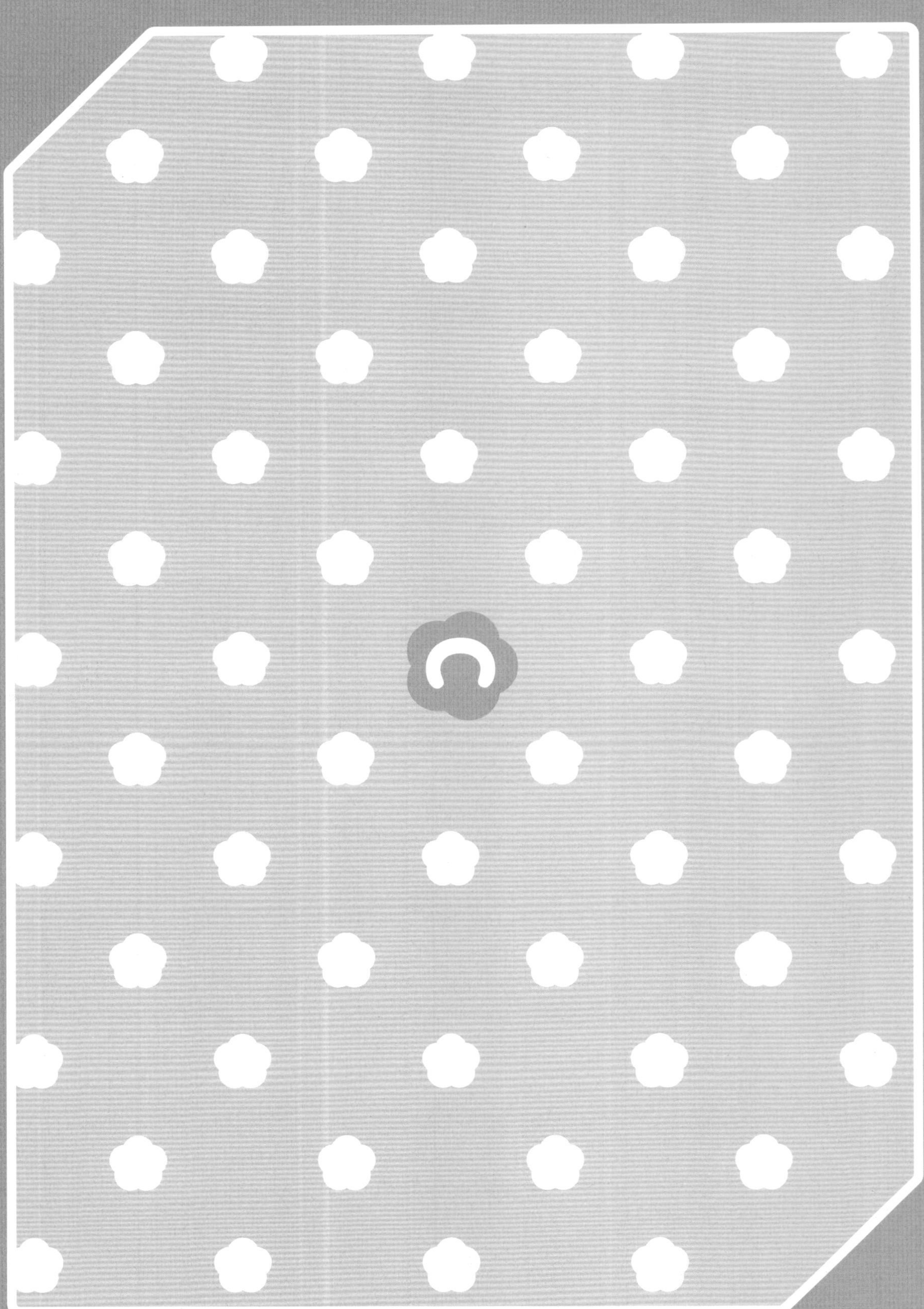

▼ 책 도안 6

▼ 옆면 도안

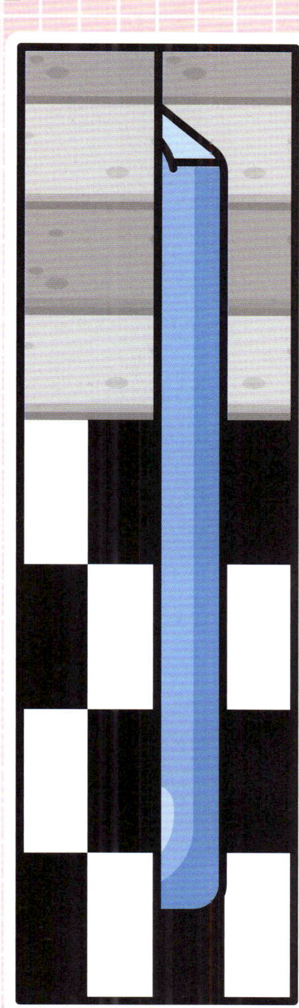

투명 박스 테이프 / 양면

▼ 잠금 도안

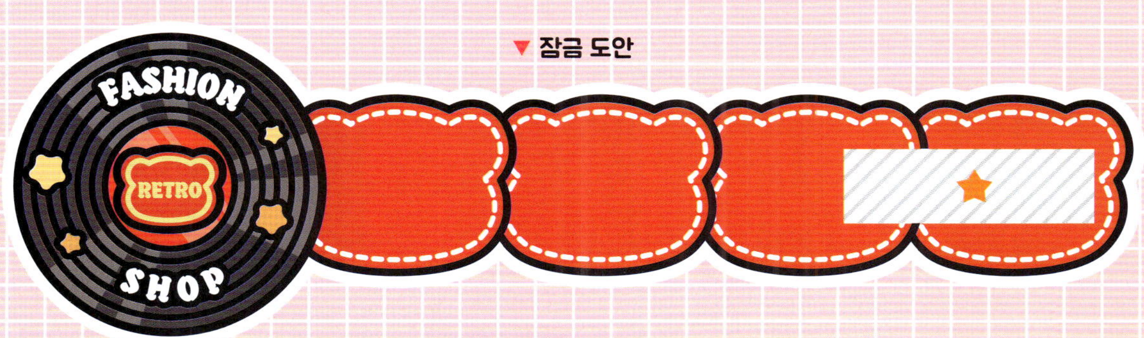

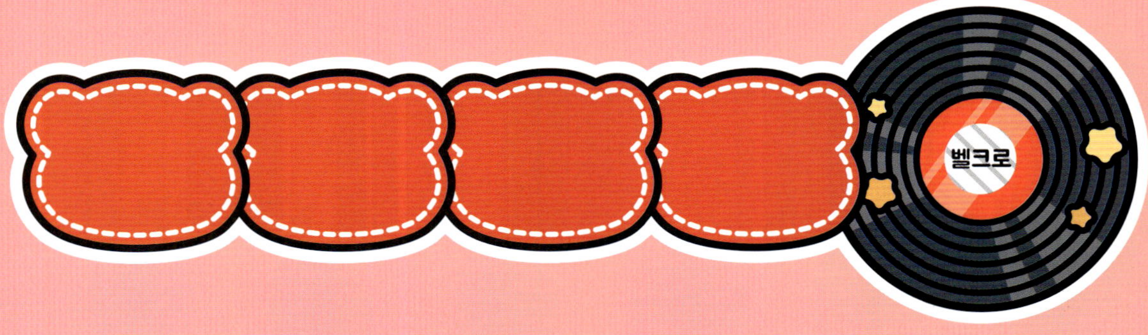
벨크로

소품
1980 NEWYORK
08
CARD
시워니
SW
소워니
토토 사장님
계산대
TAPE
1 2 3
4 5 6
7 8 9
0
CARD
RETRO
FASHION
SHOP

▼ 드레스룸 문

▼ 소품

▼ 책 도안 1

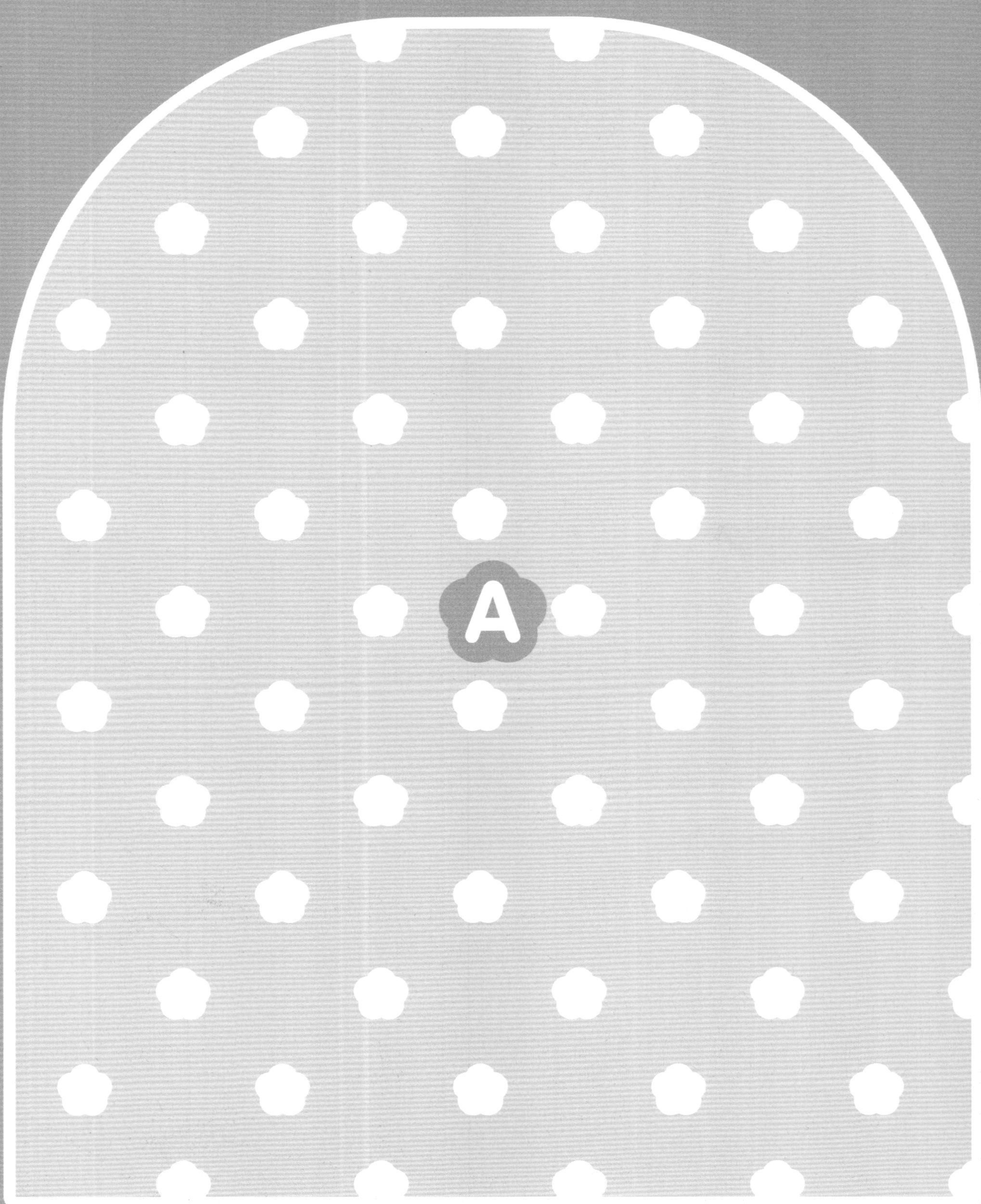
A

책 도안 2

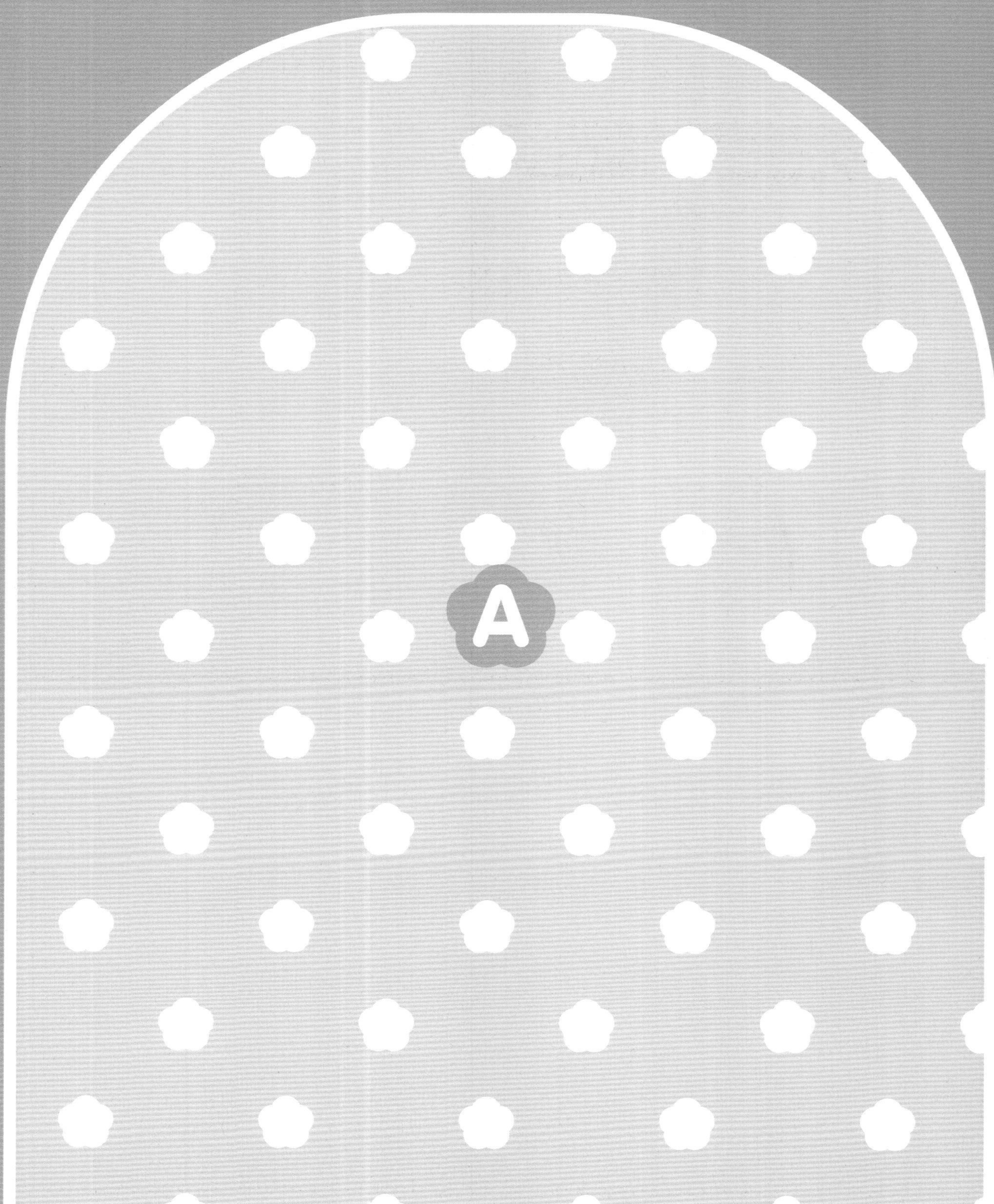
A

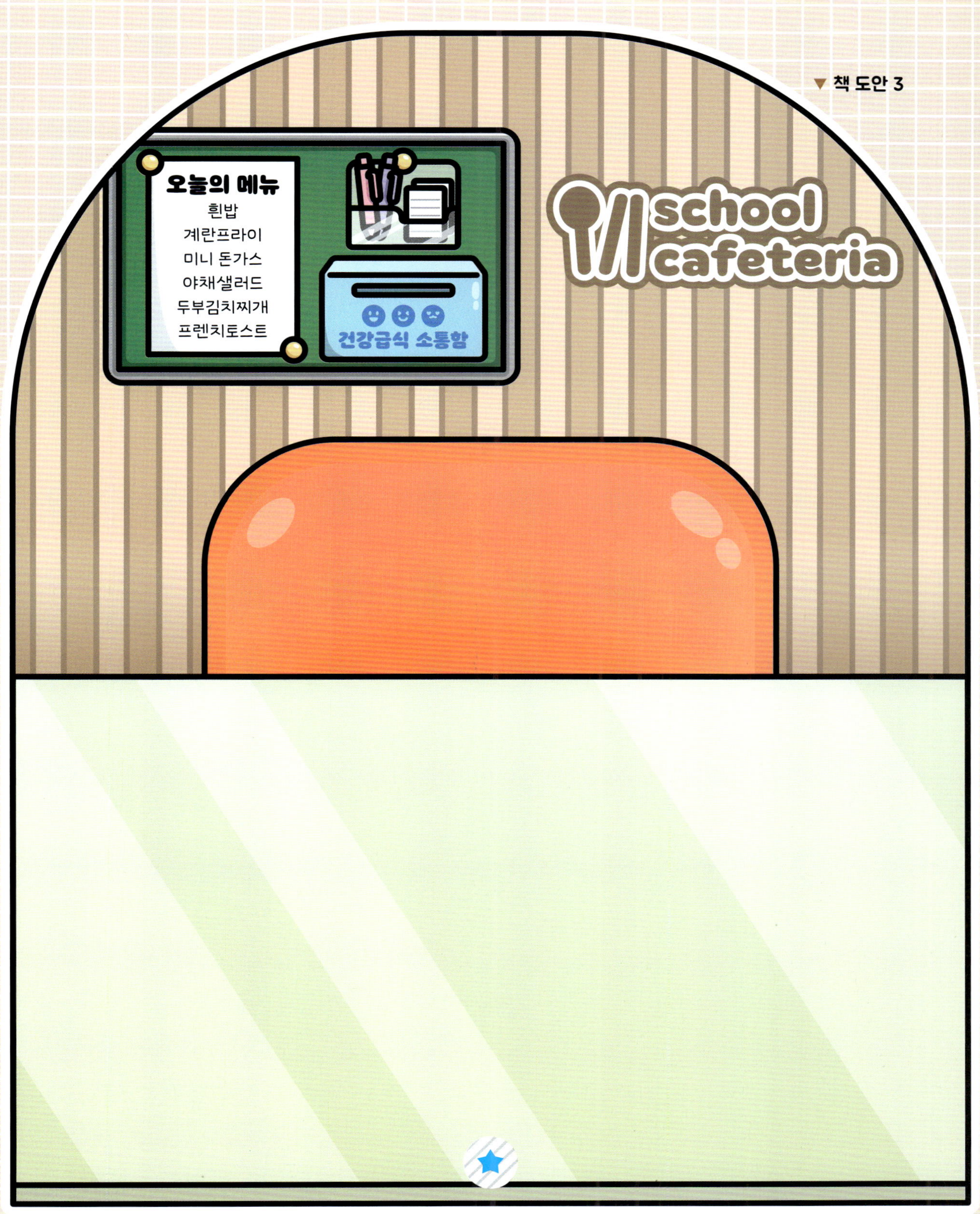
▼ 책 도안 3
오늘의 메뉴
흰밥
계란프라이
미니 돈가스
야채샐러드
두부김치찌개
프렌치토스트
건강급식 소통함
school
cafeteria

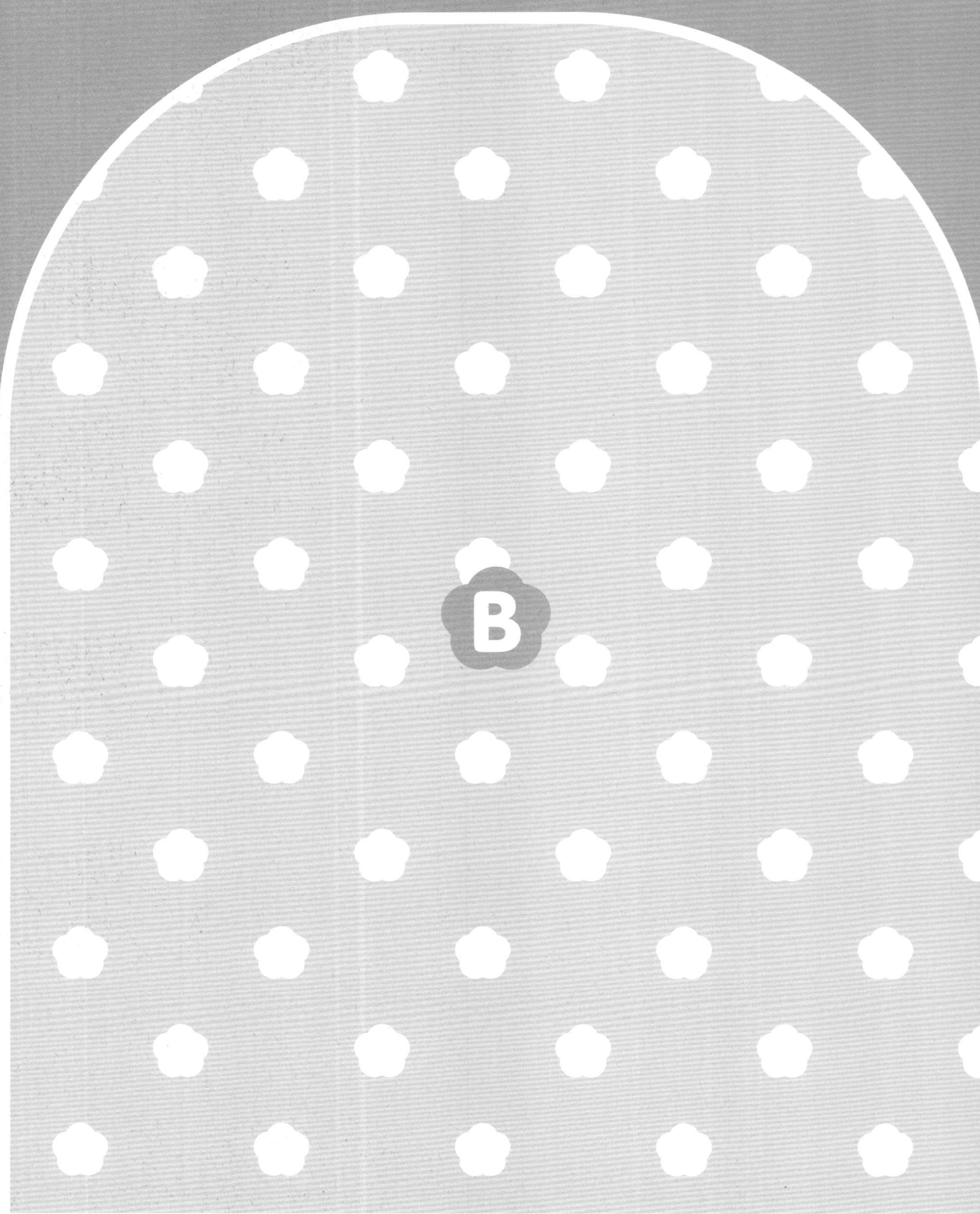
B

▼ 책 도안 4

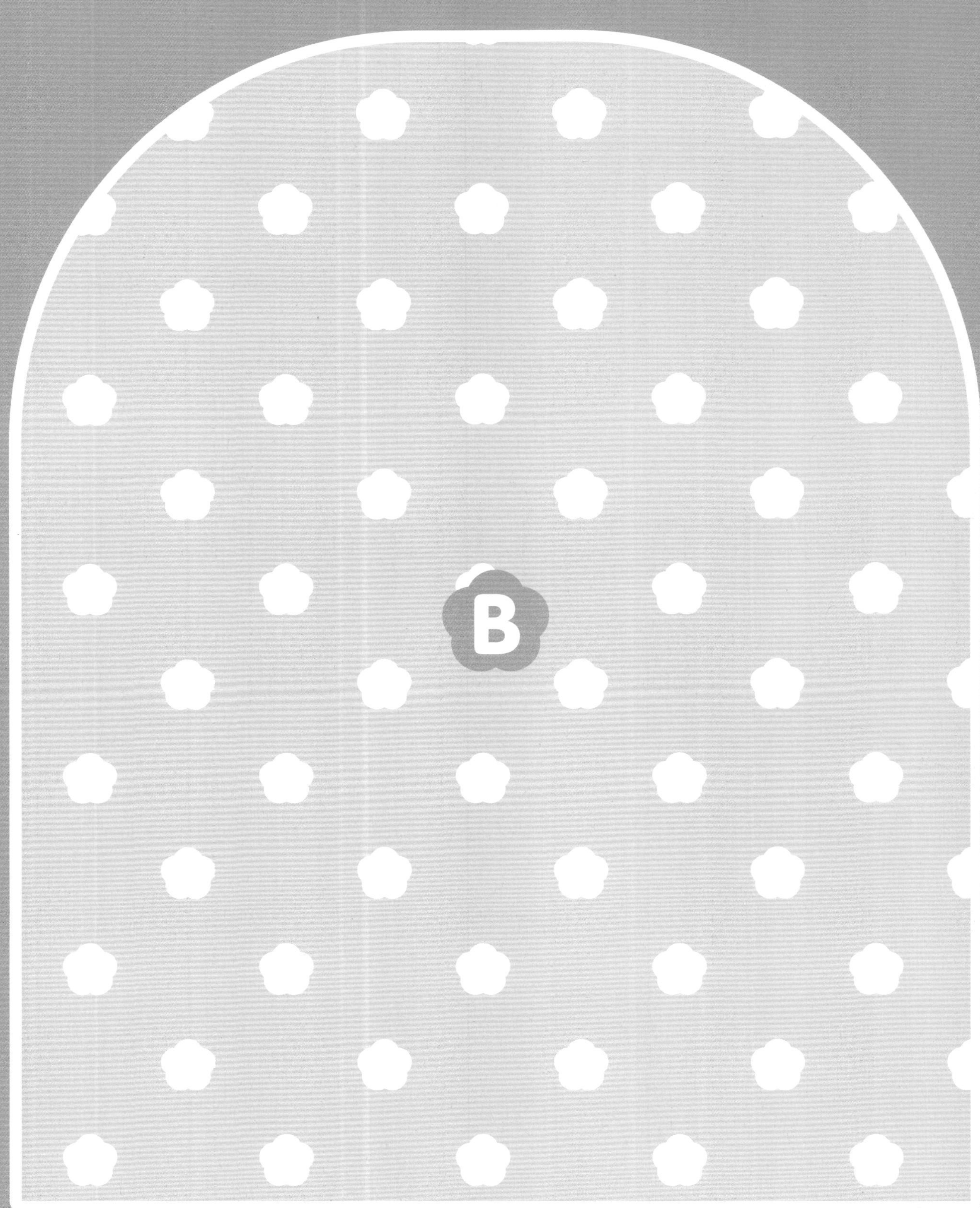
B

▼ 책 도안 5
SW25
SW25
SW25

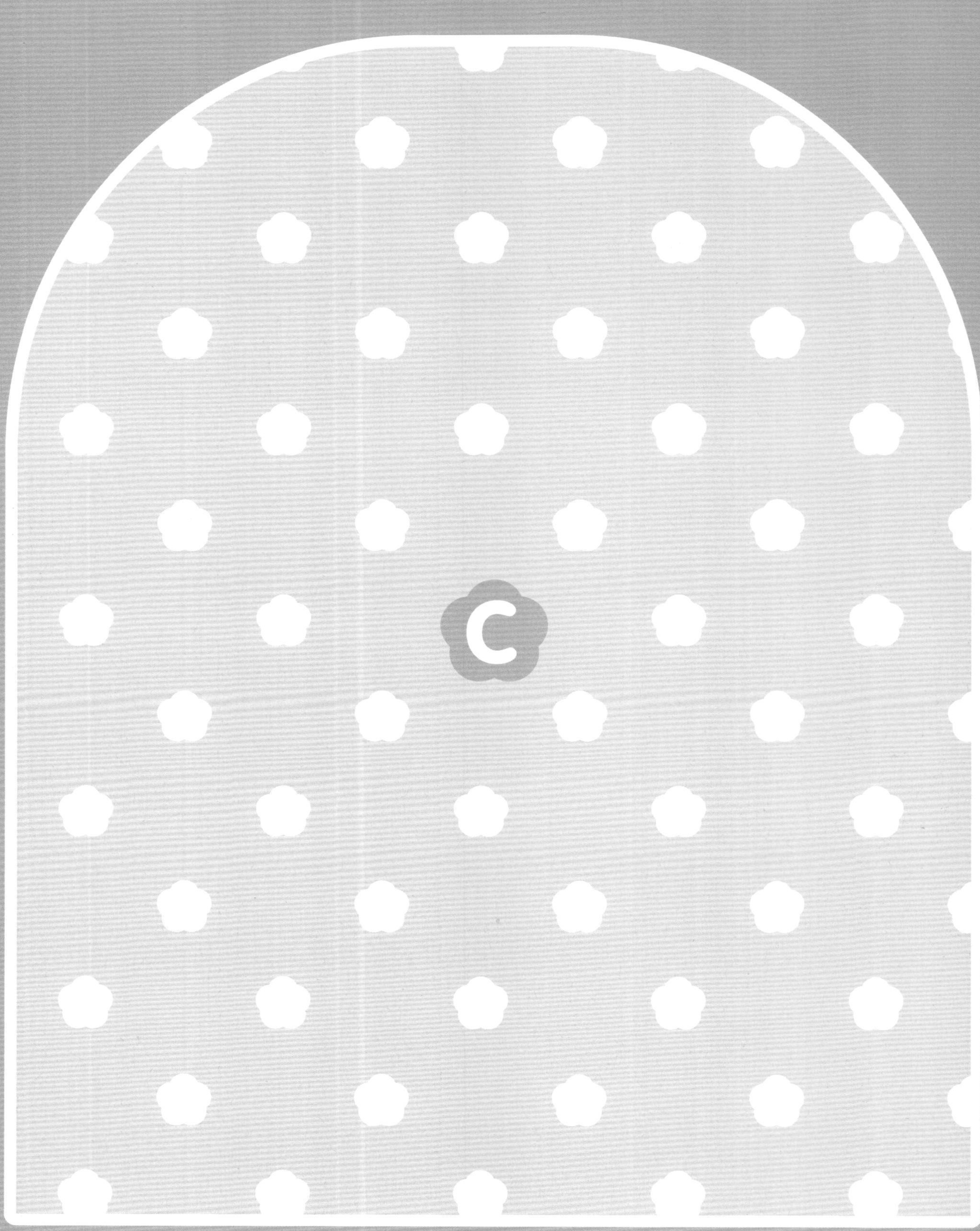
C

▼ 책 도안 6

ON AIR
햄찌의 먹방TV
구독자 41.5만명
15:20
햄피치 먹방♡
조회수 1.2만회
10:05
학교 급식 먹방♡
조회수 4.5만회
23:03
분식집 메뉴 다 먹기!
조회수 2.2만회
12:32
편의점 인기상품 먹방~
조회수 5.1만회

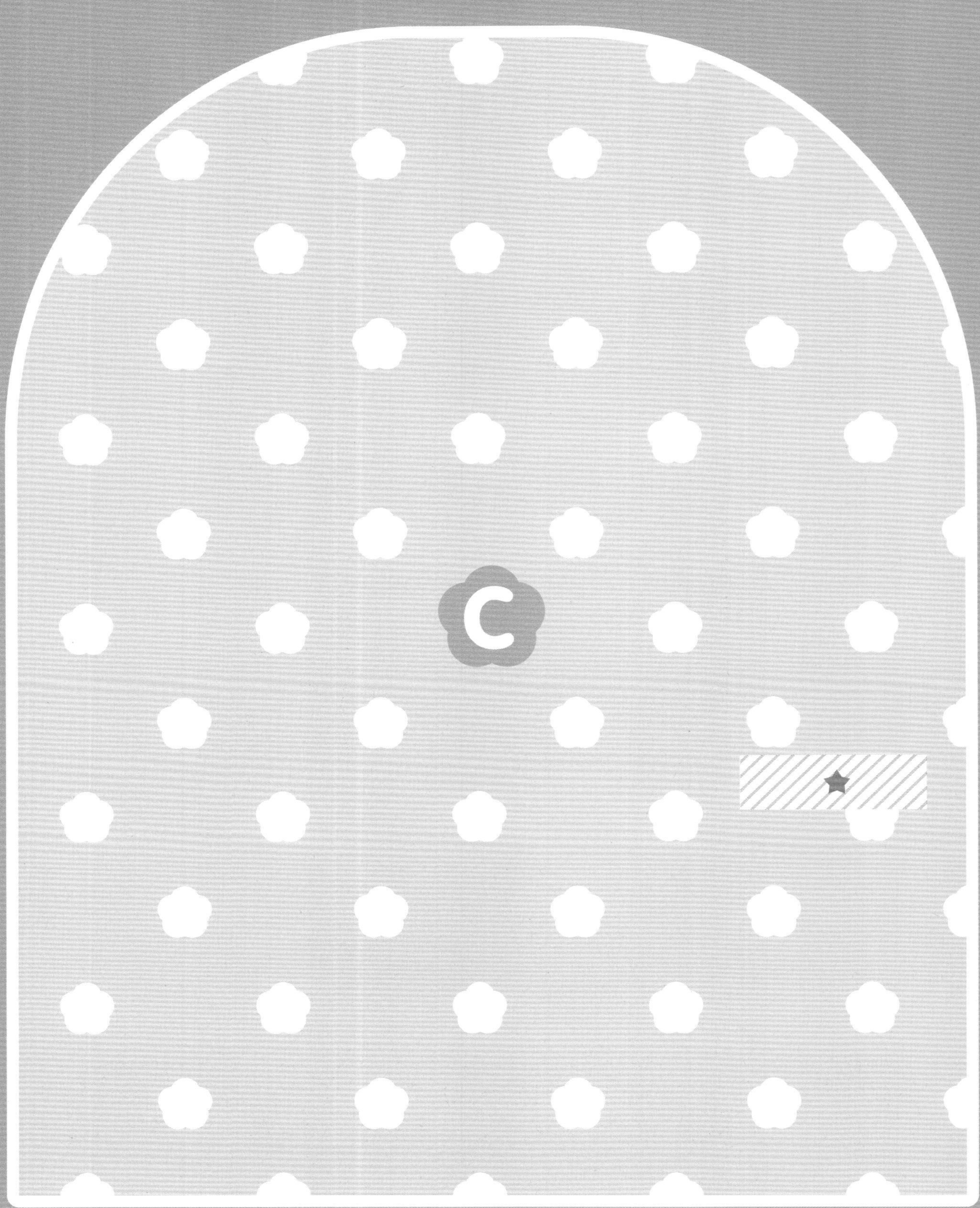
C

▼ 옆면 도안

투명 박스 테이프 / 양면

▼ 잠금 도안

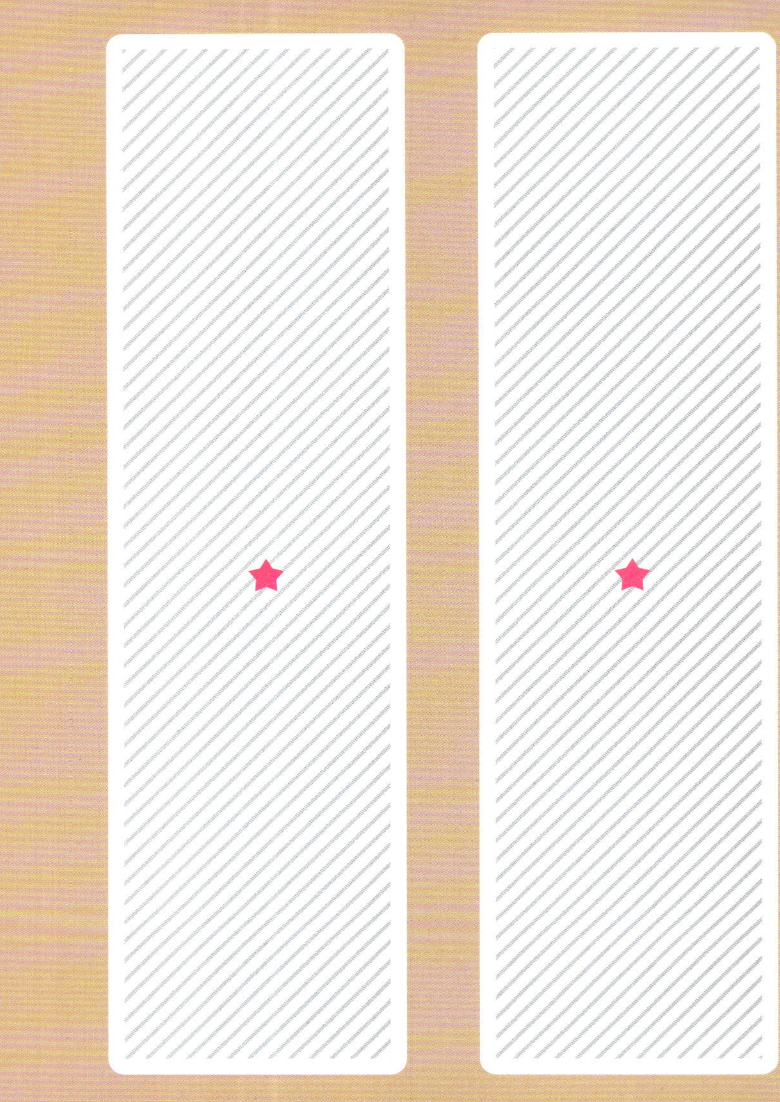

벨크로

▼ 소품

FRENCH FRIES
BURGER
PIZZA
CHICKEN
냠냠
FAST FOOD
햄버거 & 치킨 & 피자를 동시에!

▼ 소품

▼ 소품

▼ 소품

딸기 가득 샌드위치
123 45 678 90
맛있는 도시락
300g (500kcal)
123 45 678 90
전자레인지 조리 가능
700W 2분
1000W 1분 30초
뚜껑은 제거!

▼ 햄찌

▼ 소품

레몬
소다
Lemon
콜미
탄산 톡톡
콜미
매운맛
뿌
라면
재활용
PAPER
CUP
매운맛
뿌
라면
재활용
PAPER
CUP

재활용
PAPER
CUP
재활용
PAPER
CUP

▼ 방 테이블

▼ 급식실 테이블

▼ 소품

▼ 분식집 테이블

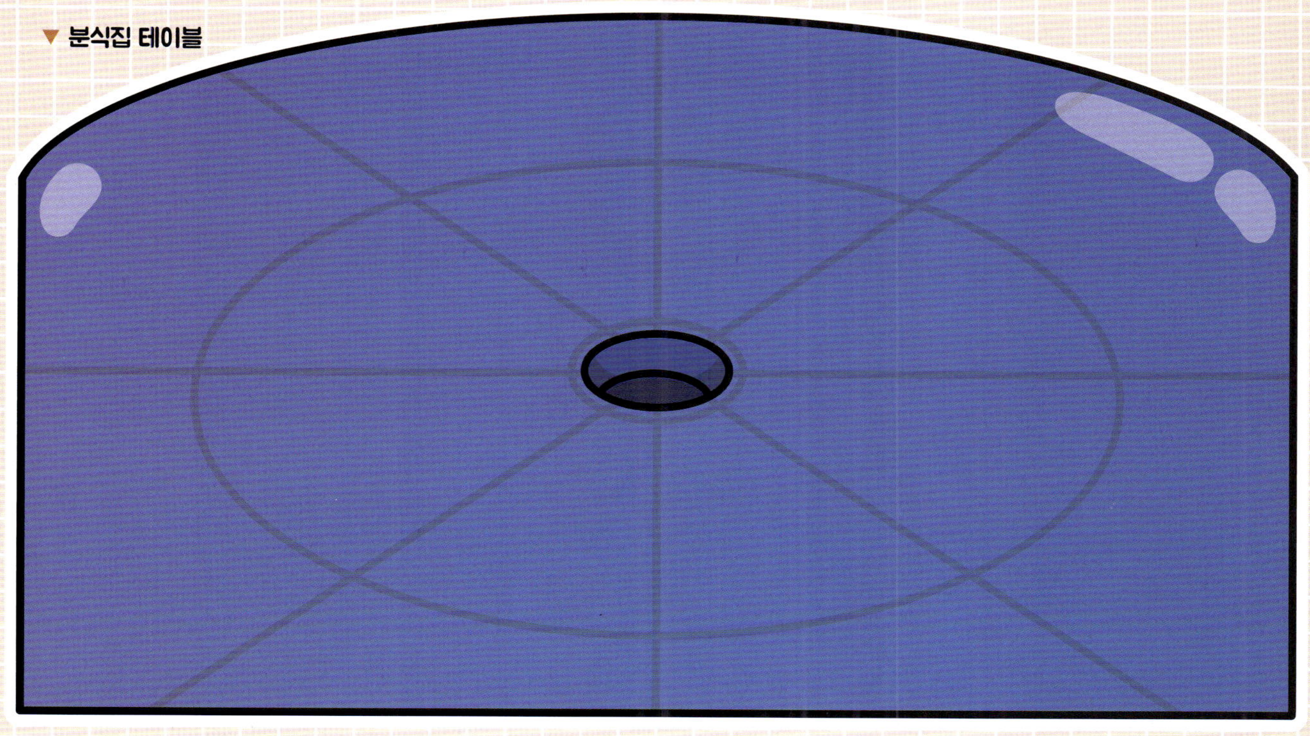

▼ 편의점 테이블

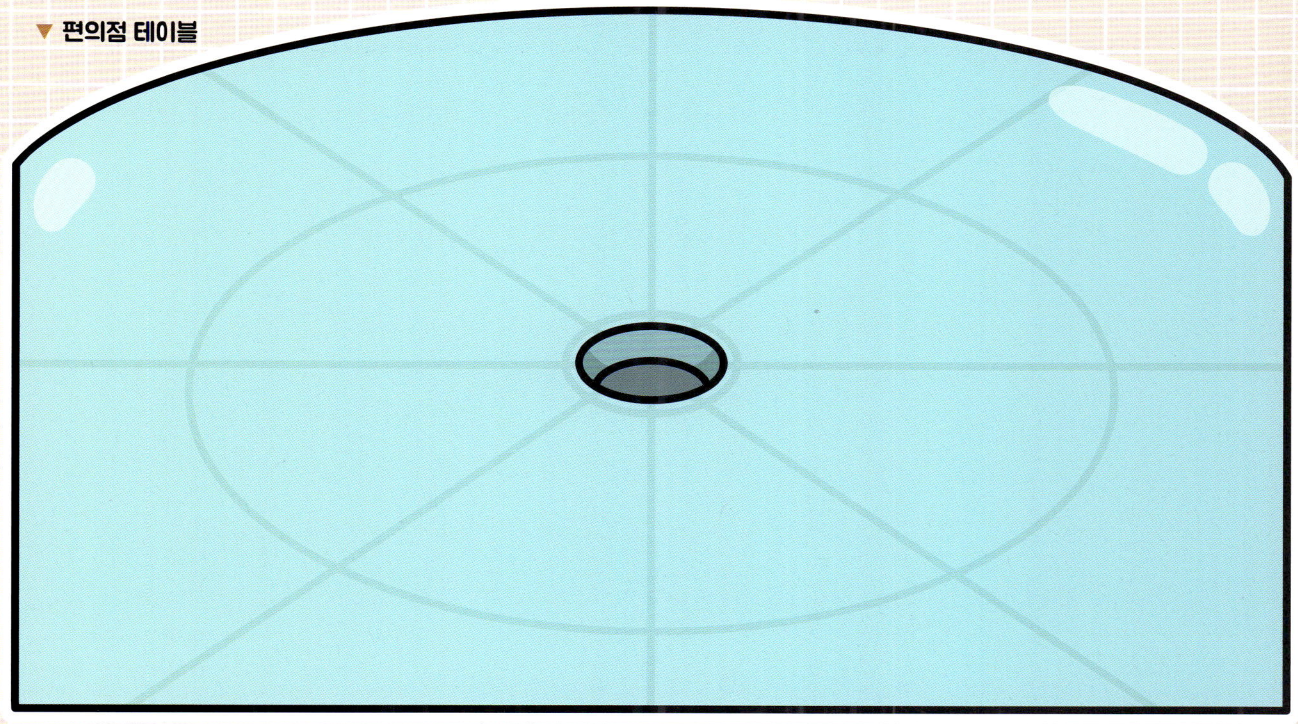

▼ 소품

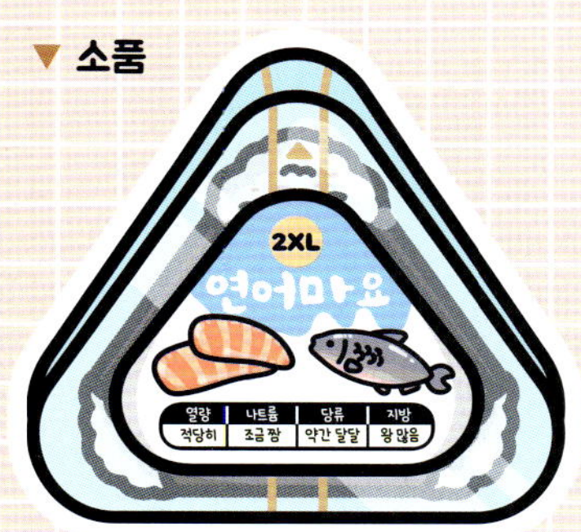

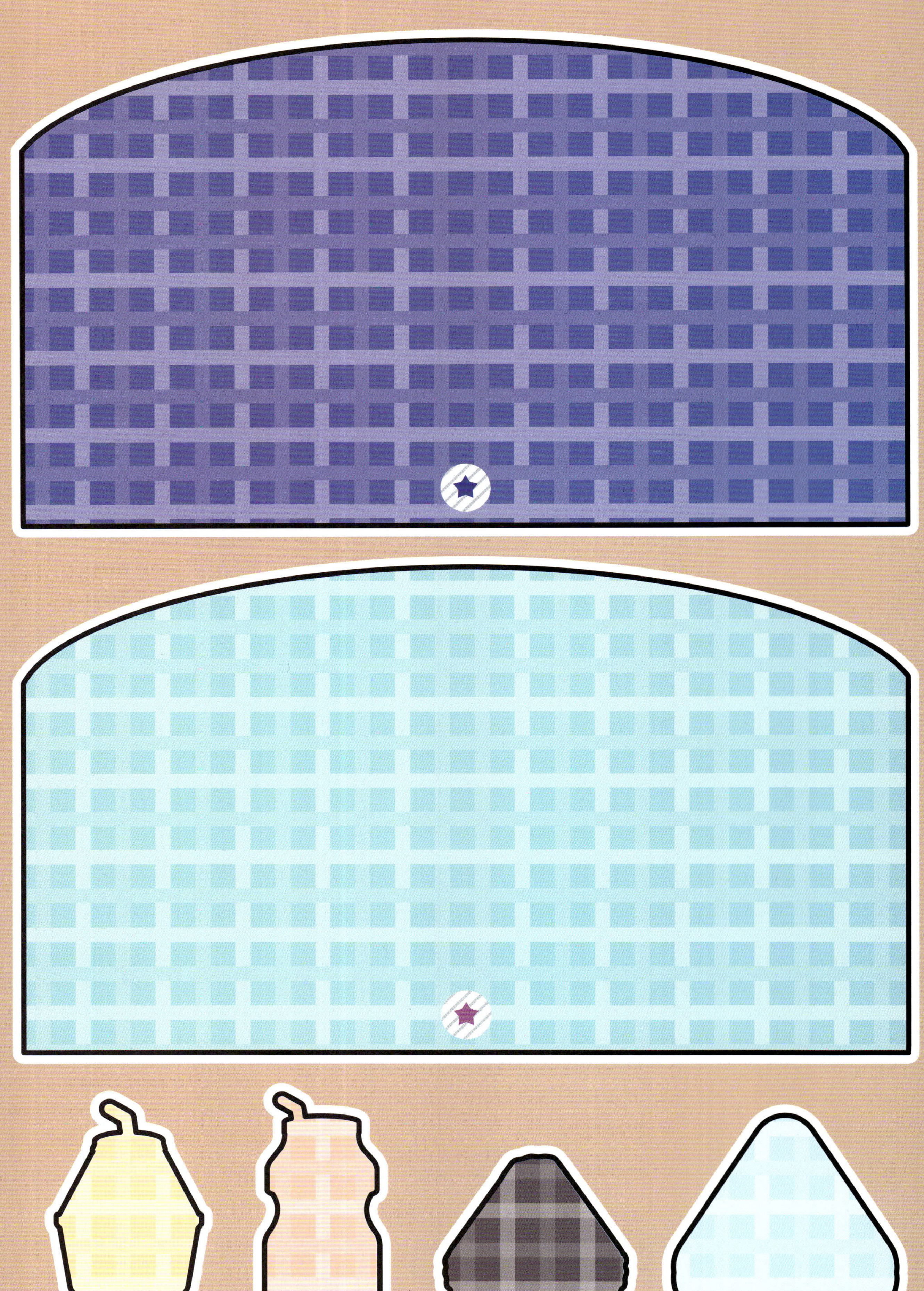

▼ 책 도안 1
소워니놀이터
몽실이의
보안관 사무소
벨크로
마을 보안관
몽실

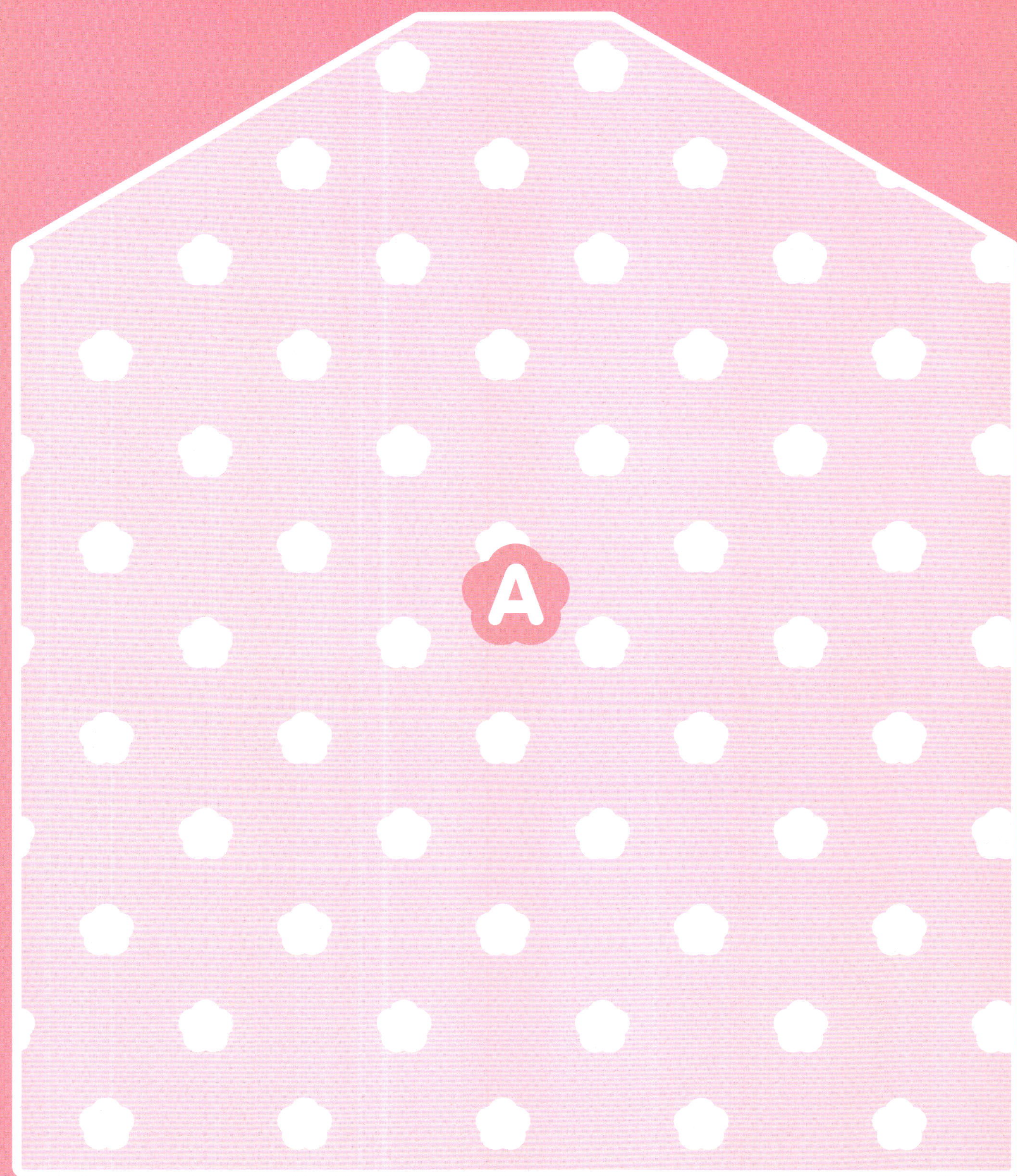
A

▼ 책 도안 2

보안관 사무소
12
3
6
9
숲속 마을 안전 수칙
1. 대기 줄이 있을 때는 차례대로 기다려요.
2. 자전거는 자전거도로에서만 타요.
3. 공원에 쓰레기를 버리지 않아요.
4. 공공 놀이 시설을 안전하게 이용해요.
SHERIFF

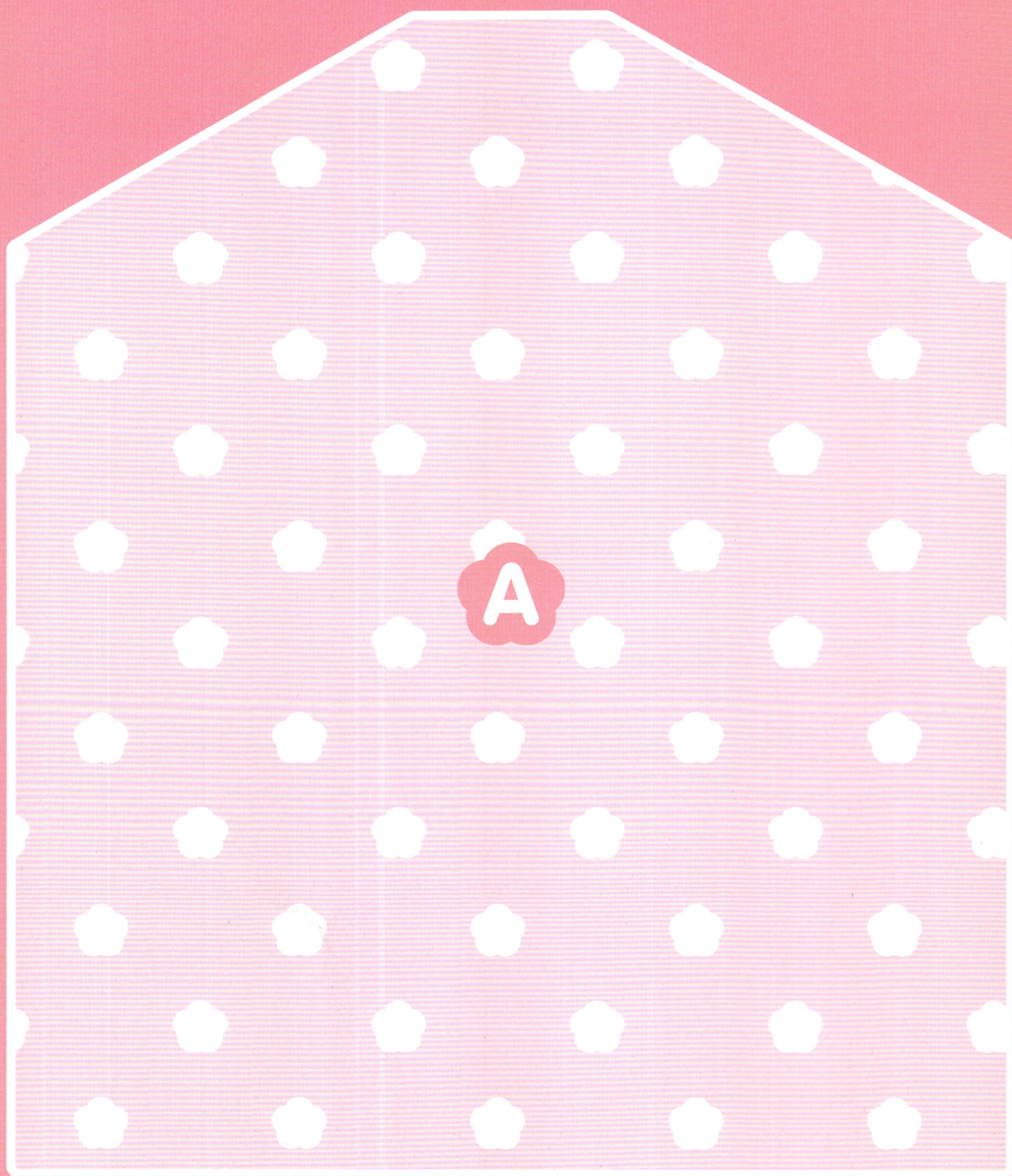
A

몽실이의 보안관 사무소

손코팅지 / 단면

▼ 책 도안 3

B

▼ 책 도안 4

B

▼ 책 도안 5

c

▼ 책 도안 6

소워니놀이터
몽실이의
보안관 사무소
SHERIFF
쓰레기는 쓰레기통에!
차례대로 줄을 서요!
20
천천히
뛰어내리지 않아요!
자전거 전용
©소워니놀이터 All rights reserved

C

▼ 옆면 도안

투명 박스 테이프 / 양면

▼ 잠금 도안

벨크로

몽실이의 보안관 사무소 손코팅지 / 양면

▼ 소시지 사장님

▼ 소품

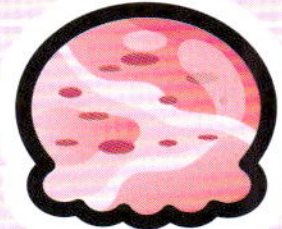

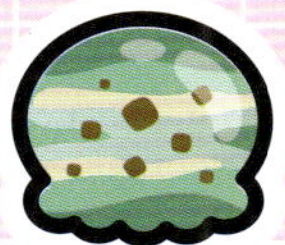

▼ 아이스크림 가판대

▼ 쓰레기

▼ 쓰레기통

토갱
햄찌
Hamzzi
분실물
냥냥
토토
뱉은 껌
자전거
Bicycle

▼ 책 도안 1

▼ 책 도안 2

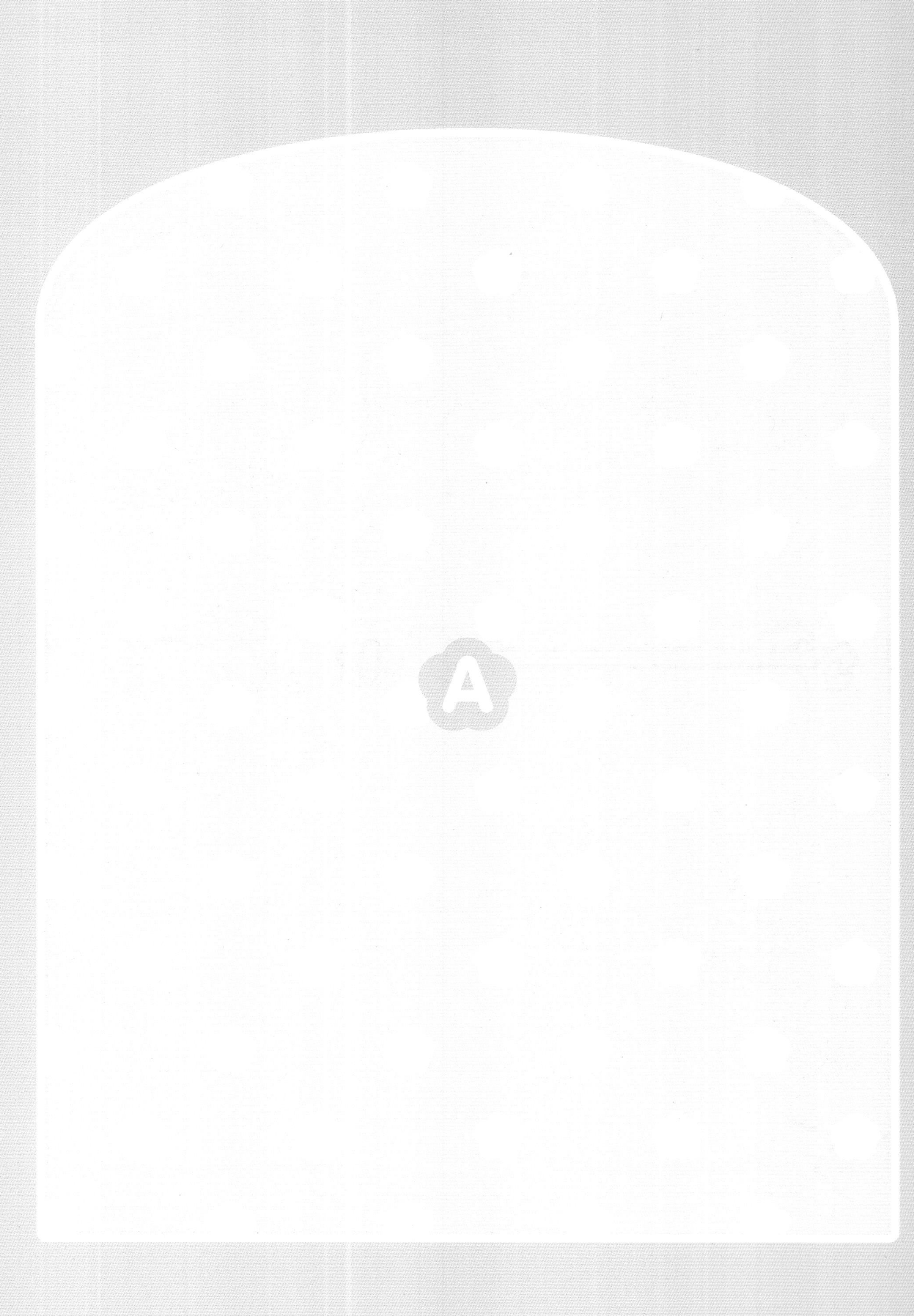
A

▼ 책 도안 3

B

책 도안 4
개망초
당근밭

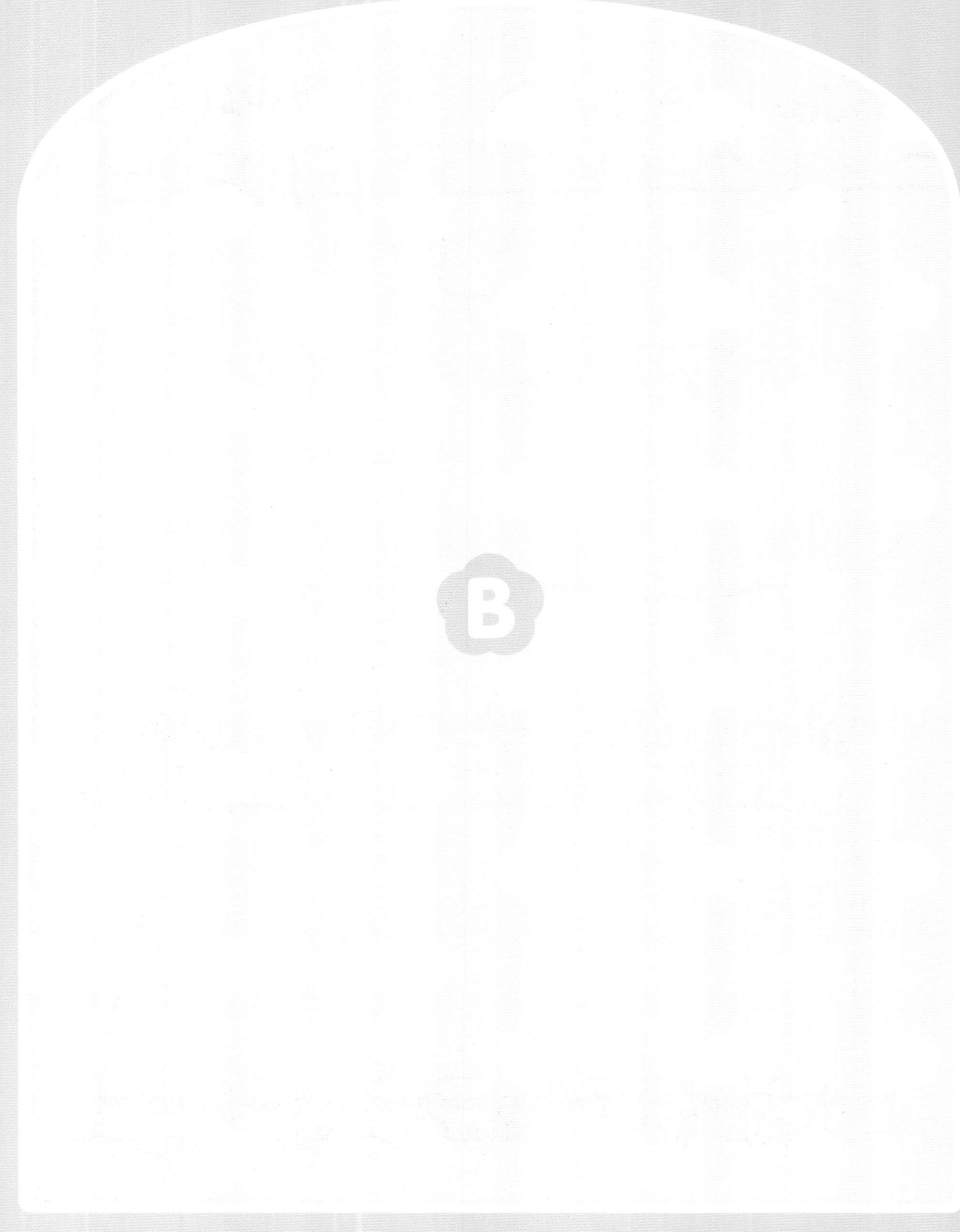
B

책 도안 5

C

▼ 책 도안 6

C

▼ 옆면 도안

투명 박스 테이프 / 양면

▼ 잠금 도안

▼ 토리
▼ 소품
▼ 토깽
▼ 유모차
▼ 계곡물

▼ 소품
▼ 당근밭
▼ 식탁

▼ 보행기
Baby
▼ 소품

▼ 책 도안 1

A

▼ 책 도안 2

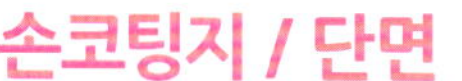

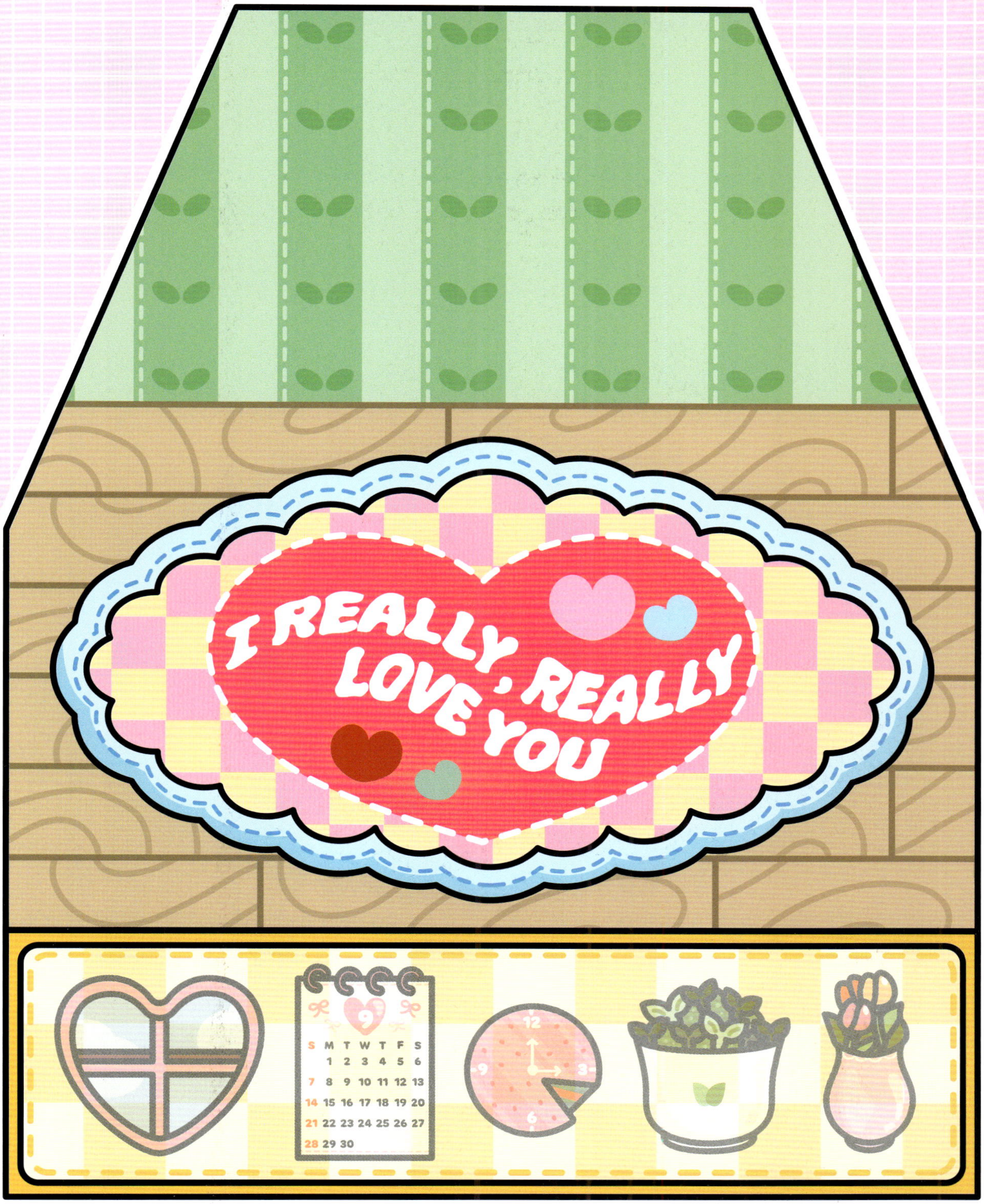
I REALLY, REALLY LOVE YOU
S M T W T F S
1 2 3 4 5 6
7 8 9 10 11 12 13
14 15 16 17 18 19 20
21 22 23 24 25 26 27
28 29 30
12
3
6
9

A

▼ 책 도안 3

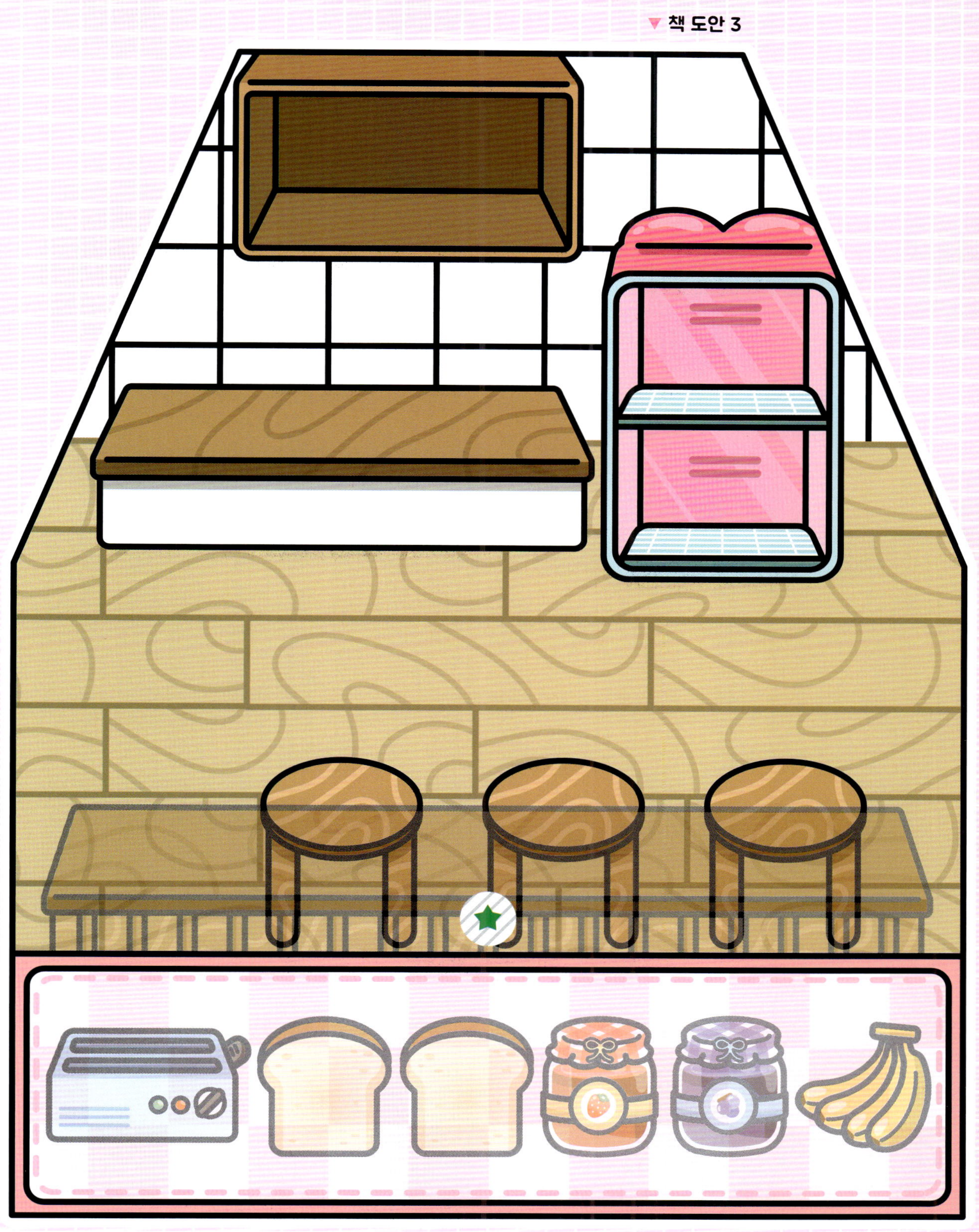

B

▼ 책 도안 4

B

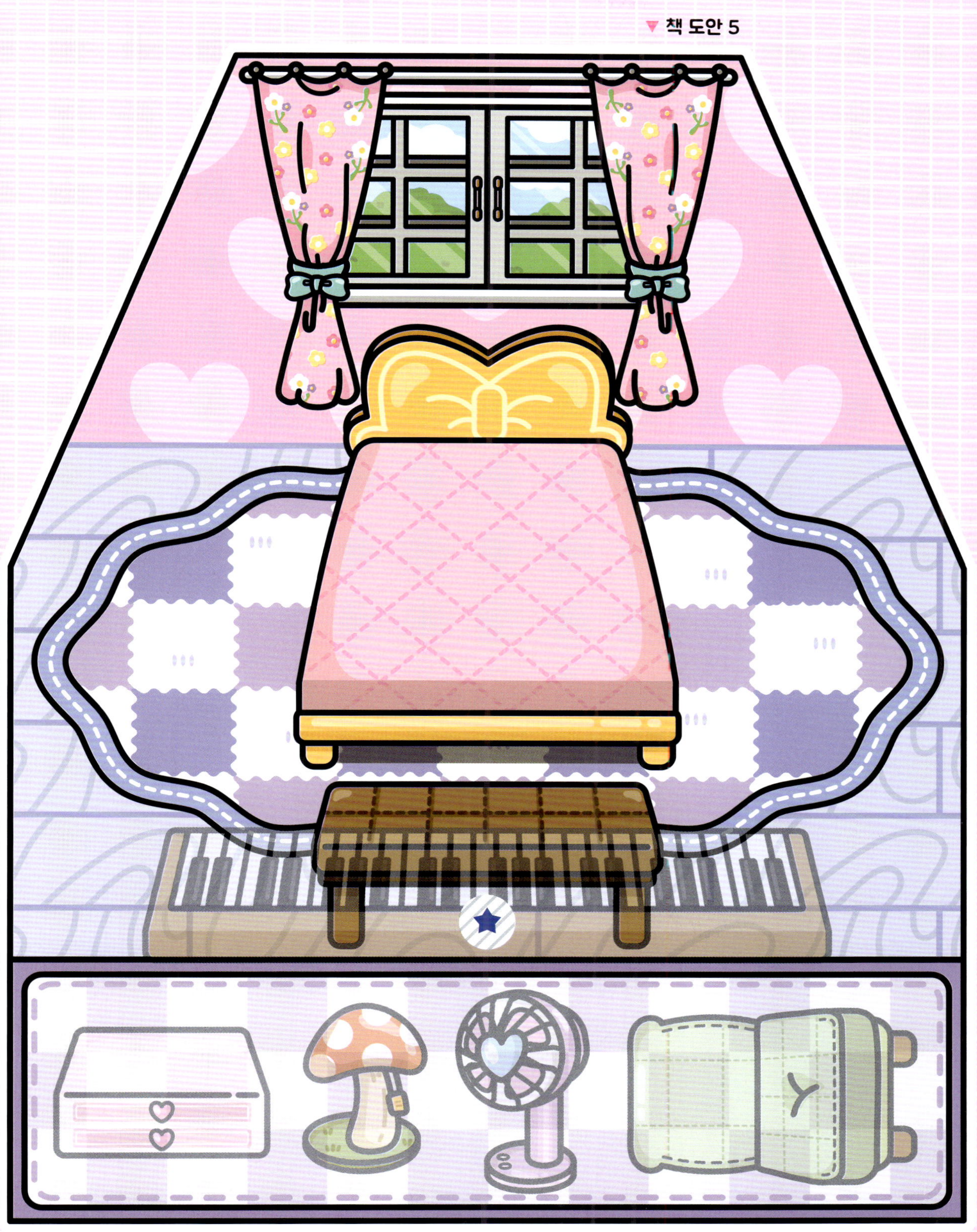
▼ 책 도안 5

c

▼ 책 도안 6

C

▼ 옆면 도안

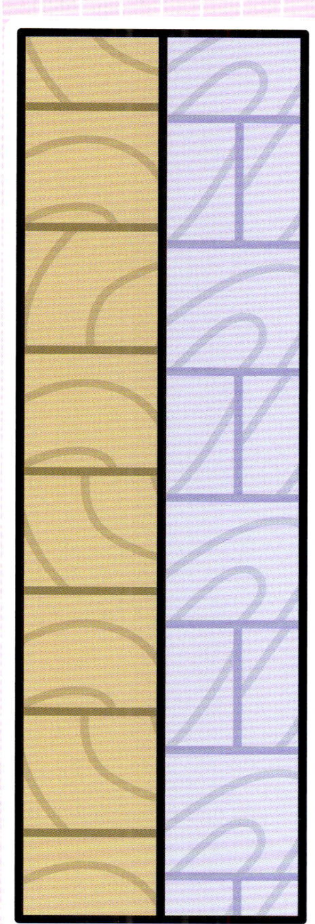

투명 박스 테이프 / 양면

▼ 잠금 도안

벨크로

소워니의 러브하우스

손코팅지 / 양면

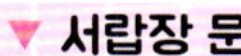

▼ 서랍장 문

▼ 냉장고 문

▼ 옷장 문

▼ 소품

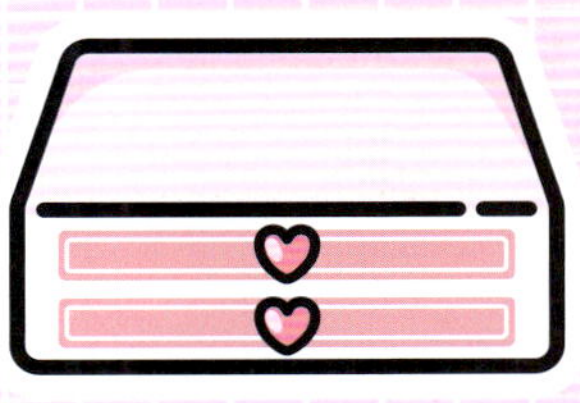

화장대
소품
에어컨
촉촉한
SKIN
50ML
녹차향
LOTION
50ML
옷장
책상
피아노
식탁

▼ 소품 정리 도안

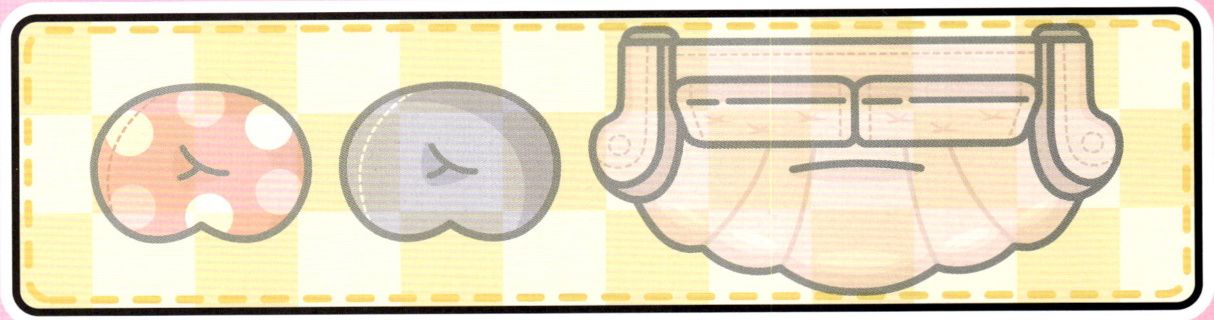

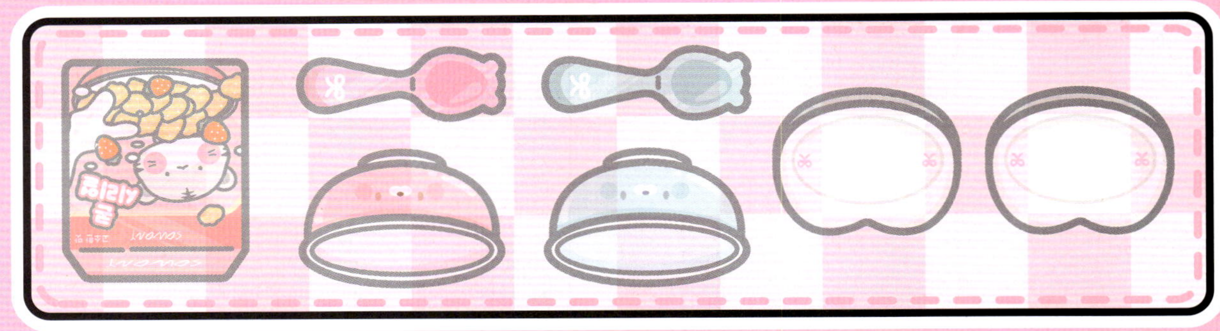

▼ 책 도안 1

A

▼ 책 도안 2

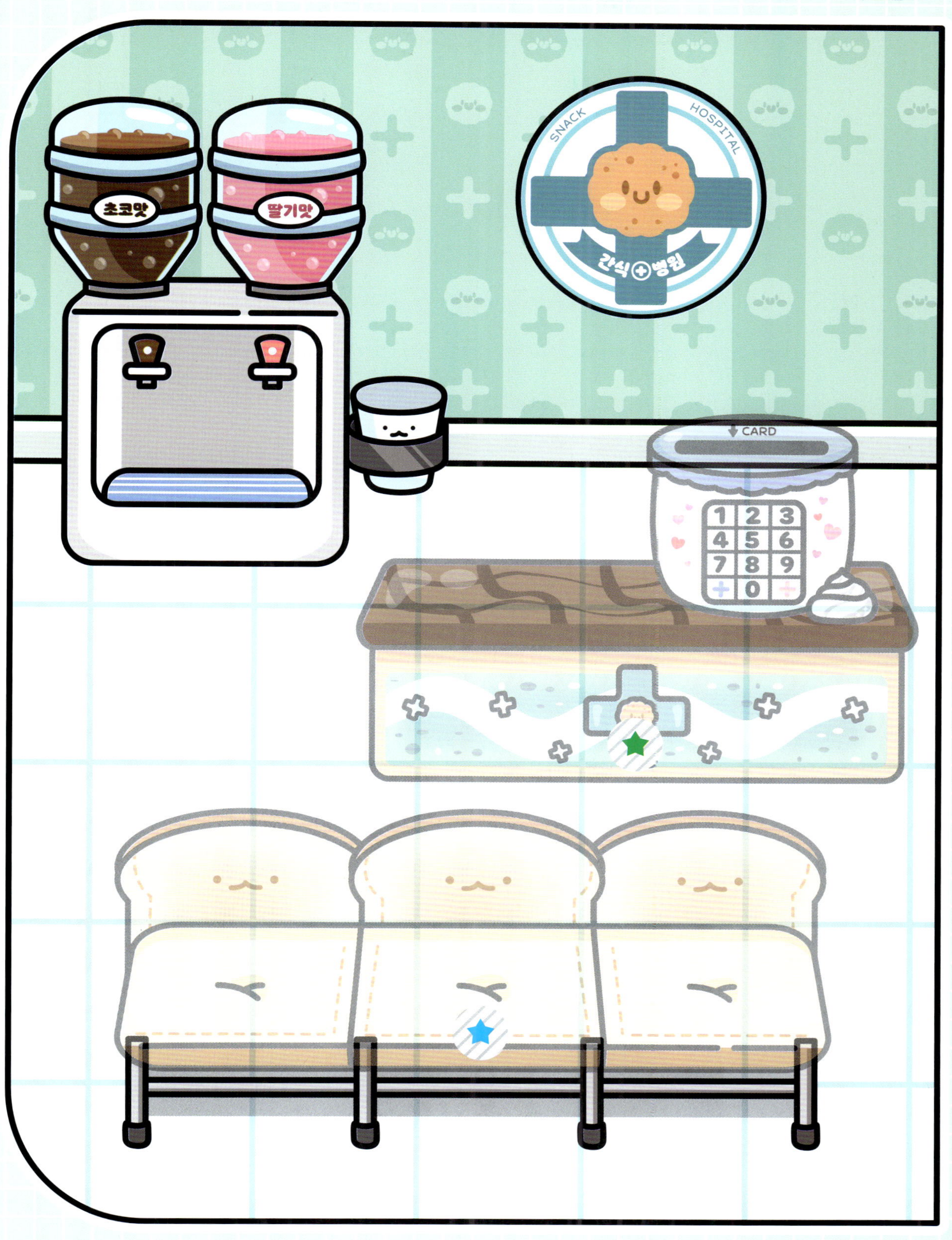

A

▼ 책 도안 3

간식 병원
전문의
시워니
처방전
증상
처방
효과
초콜릿 응급학
젤리 해부학
마시멜로 붕대학
마카롱 심리학
케이크 치료 노트
간식 약국 백과

B

▼ 책 도안 4

SNACK HOSPITAL
간식병원
피곤 충전 젤리 정
에너지 UP
푸딩 행운 시럽
중요한 날 행운력 UP
별사탕 정
달콤한 꿈속으로 GO
초코바 정
집중력 UP
민트 버블껌 정
먹으면 입냄새 사라짐
비타민 쿠키 정
면역력 UP

B

▼ 책 도안 5

C

▼ 책 도안 6

소워니놀이터
시워니의
간식 병원
간식 병원
처방전
증상
쉽게 피곤하고,
감기에 자주 걸림.
처방
▶ 피곤 충전 젤리 정 - 힘이 없을 때 1정 복용
▶ 비타민 쿠키 정 - 우유와 함께 1정 복용
효과
▶ 에너지 충전 + 면역력 강화
시워니
1일차
2일차
3일차
총 3일치
시워니
1일차
2일차
3일차
총 3일치
©소워니놀이터 All rights reserved

▼ 옆면 도안

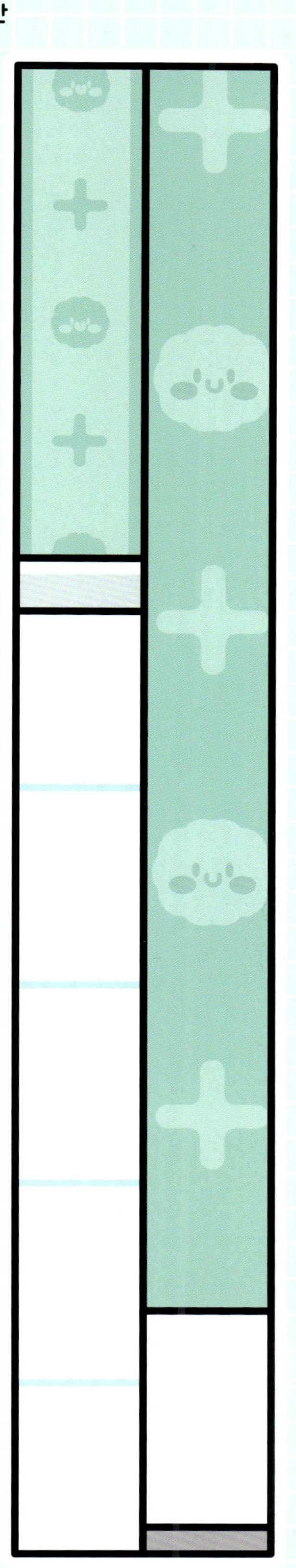

투명 박스 테이프 / 양면

▼ 잠금 도안

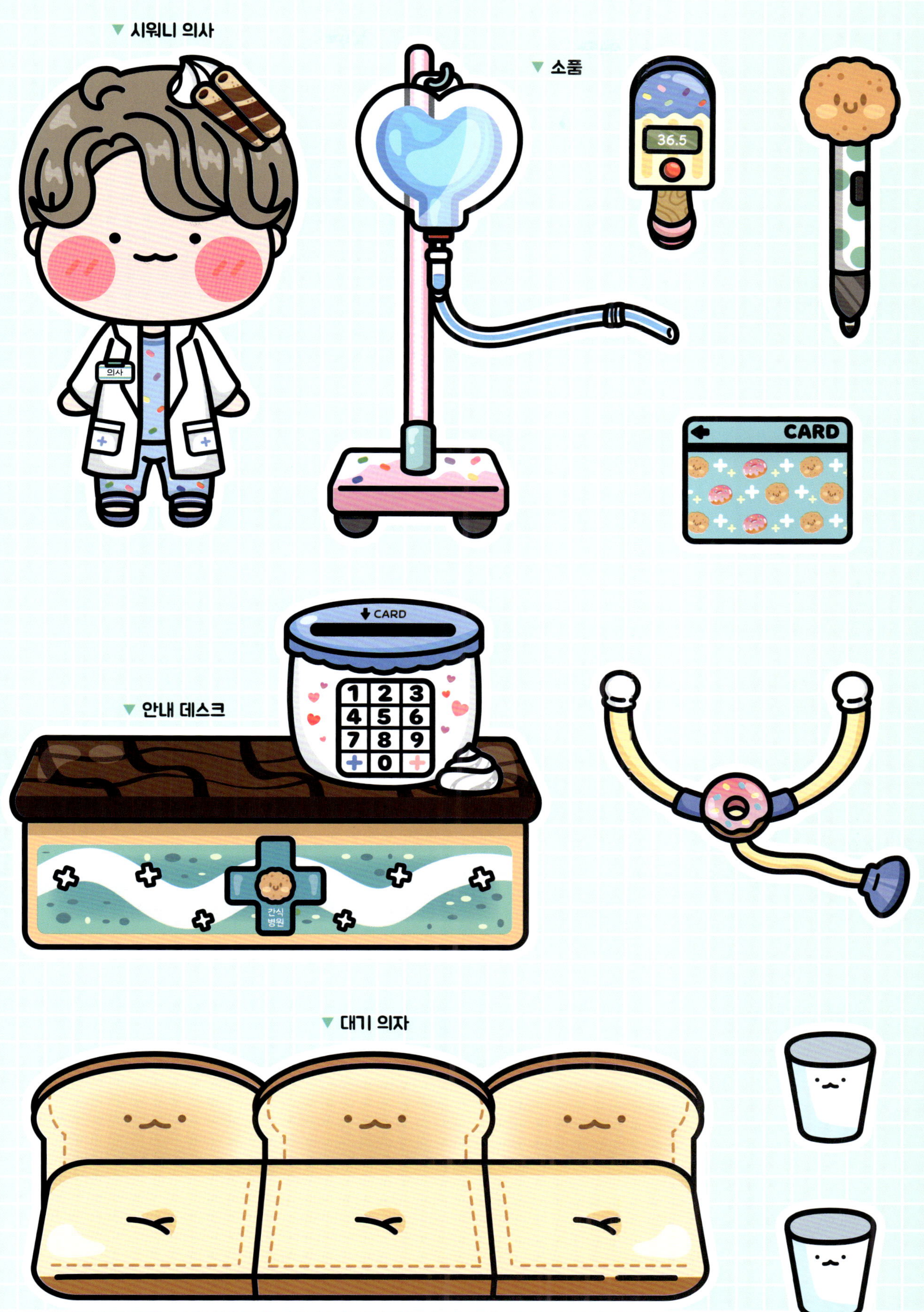
▼ 시워니 의사
의사
▼ 소품
36.5
CARD
▼ 안내 데스크
CARD
1 2 3
4 5 6
7 8 9
0
간식
병원
▼ 대기 의자

▼ 토깽

▼ 냥냥

▼ 토토

▼ 소품 정리판

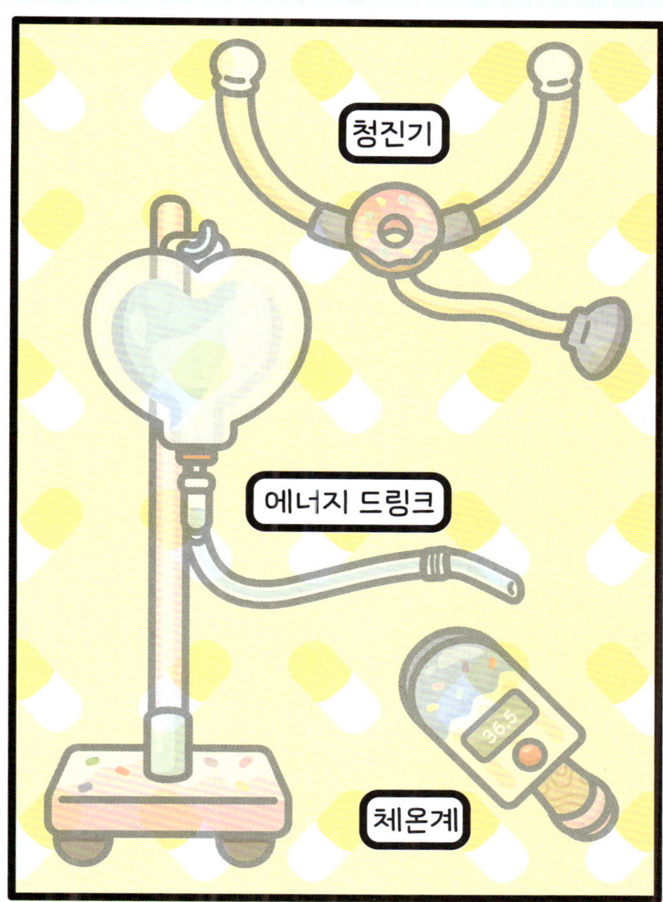

▼ **처방전**

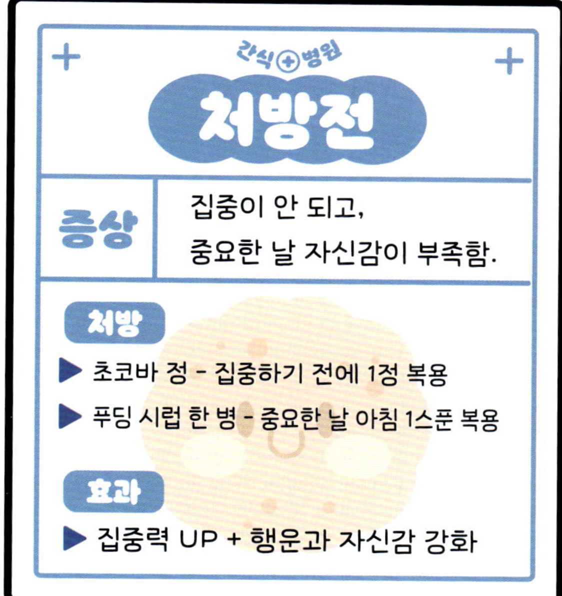
간식 병원
처방전
증상
집중이 안 되고,
중요한 날 자신감이 부족함.
처방
▶ 초코바 정 - 집중하기 전에 1정 복용
▶ 푸딩 시럽 한 병 - 중요한 날 아침 1스푼 복용
효과
▶ 집중력 UP + 행운과 자신감 강화

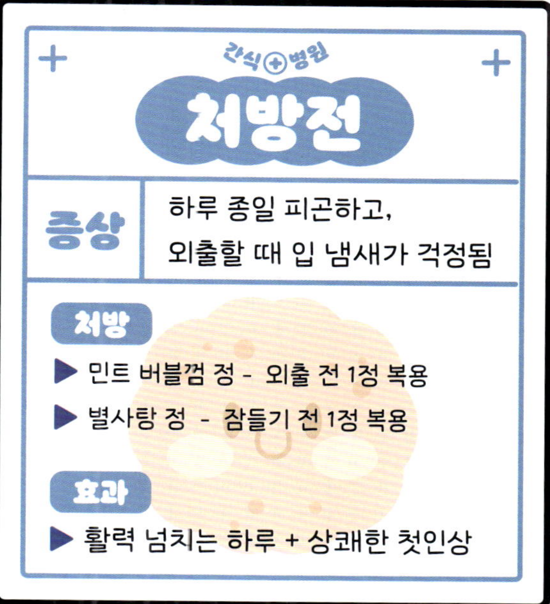
간식 병원
처방전
증상
하루 종일 피곤하고,
외출할 때 입 냄새가 걱정됨
처방
▶ 민트 버블껌 정 - 외출 전 1정 복용
▶ 별사탕 정 - 잠들기 전 1정 복용
효과
▶ 활력 넘치는 하루 + 상쾌한 첫인상

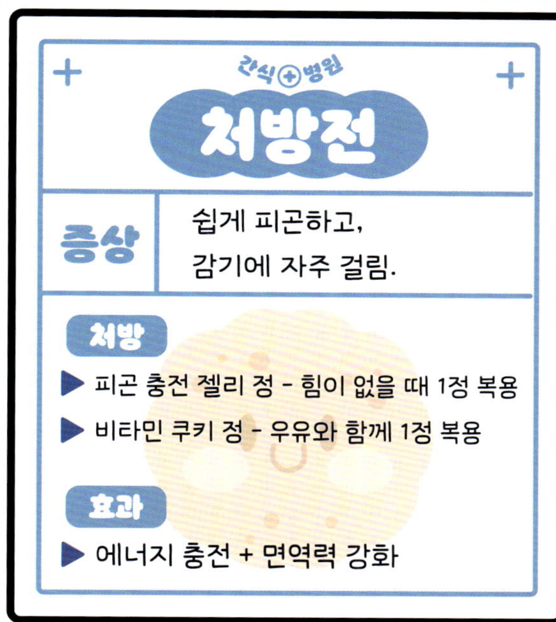
간식 병원
처방전
증상
쉽게 피곤하고,
감기에 자주 걸림.
처방
▶ 피곤 충전 젤리 정 - 힘이 없을 때 1정 복용
▶ 비타민 쿠키 정 - 우유와 함께 1정 복용
효과
▶ 에너지 충전 + 면역력 강화

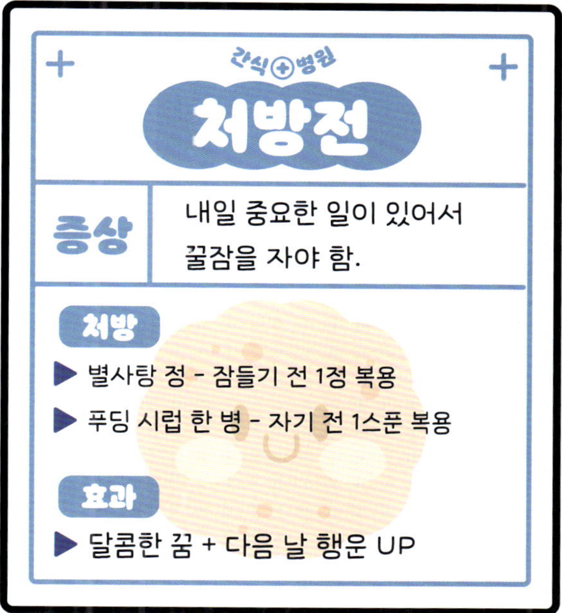
간식 병원
처방전
증상
내일 중요한 일이 있어서
꿀잠을 자야 함.
처방
▶ 별사탕 정 - 잠들기 전 1정 복용
▶ 푸딩 시럽 한 병 - 자기 전 1스푼 복용
효과
▶ 달콤한 꿈 + 다음 날 행운 UP

▼ **약 봉투 정리함**

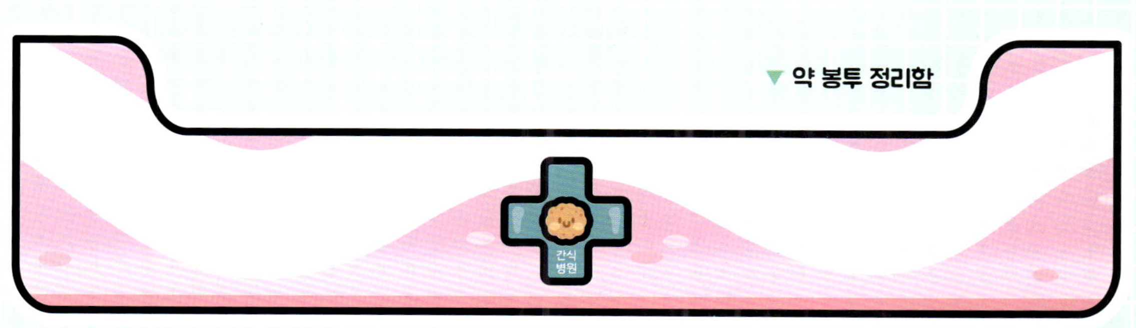
간식
병원

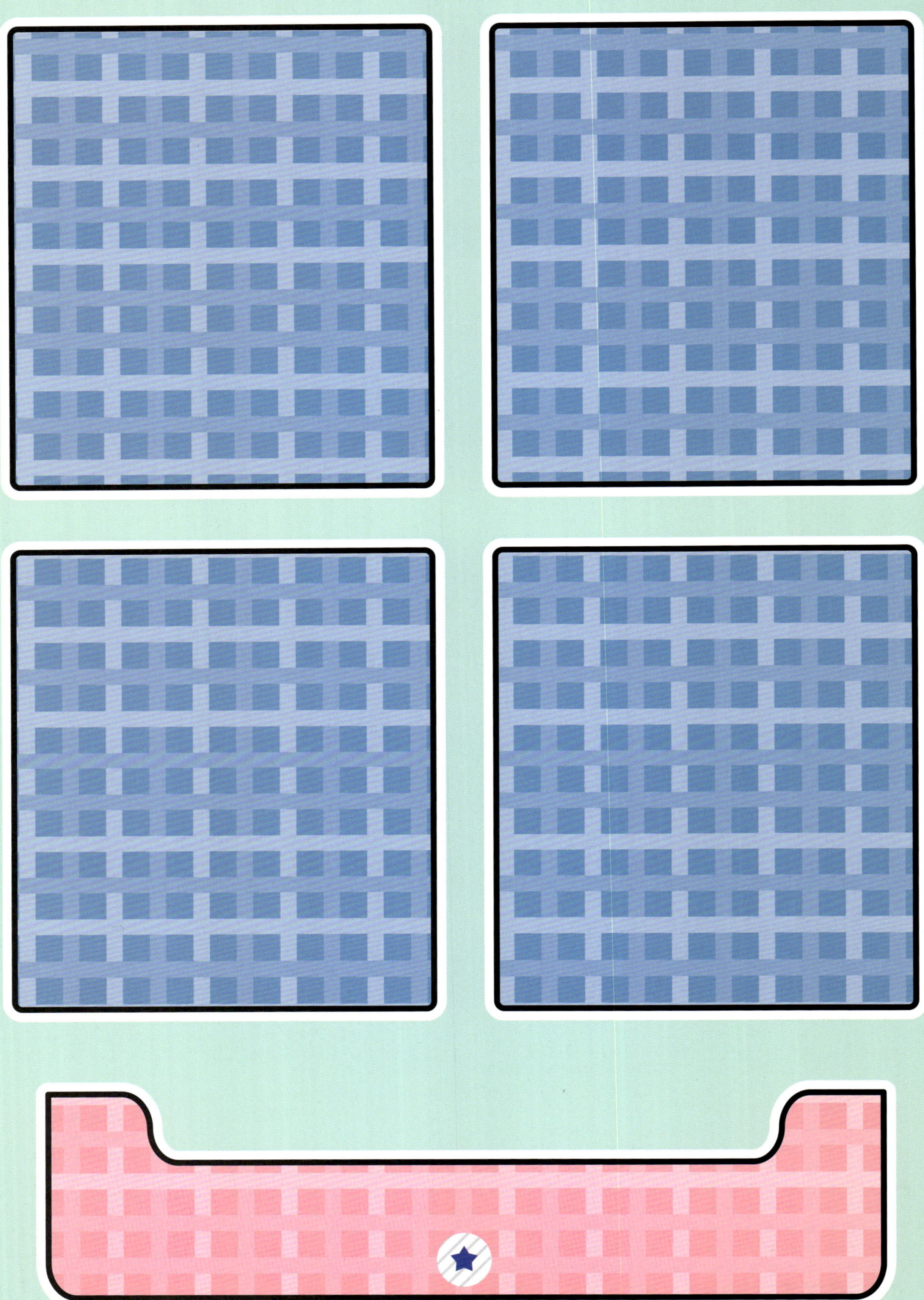

▼ 처방전 정리 도안

▼ 소품

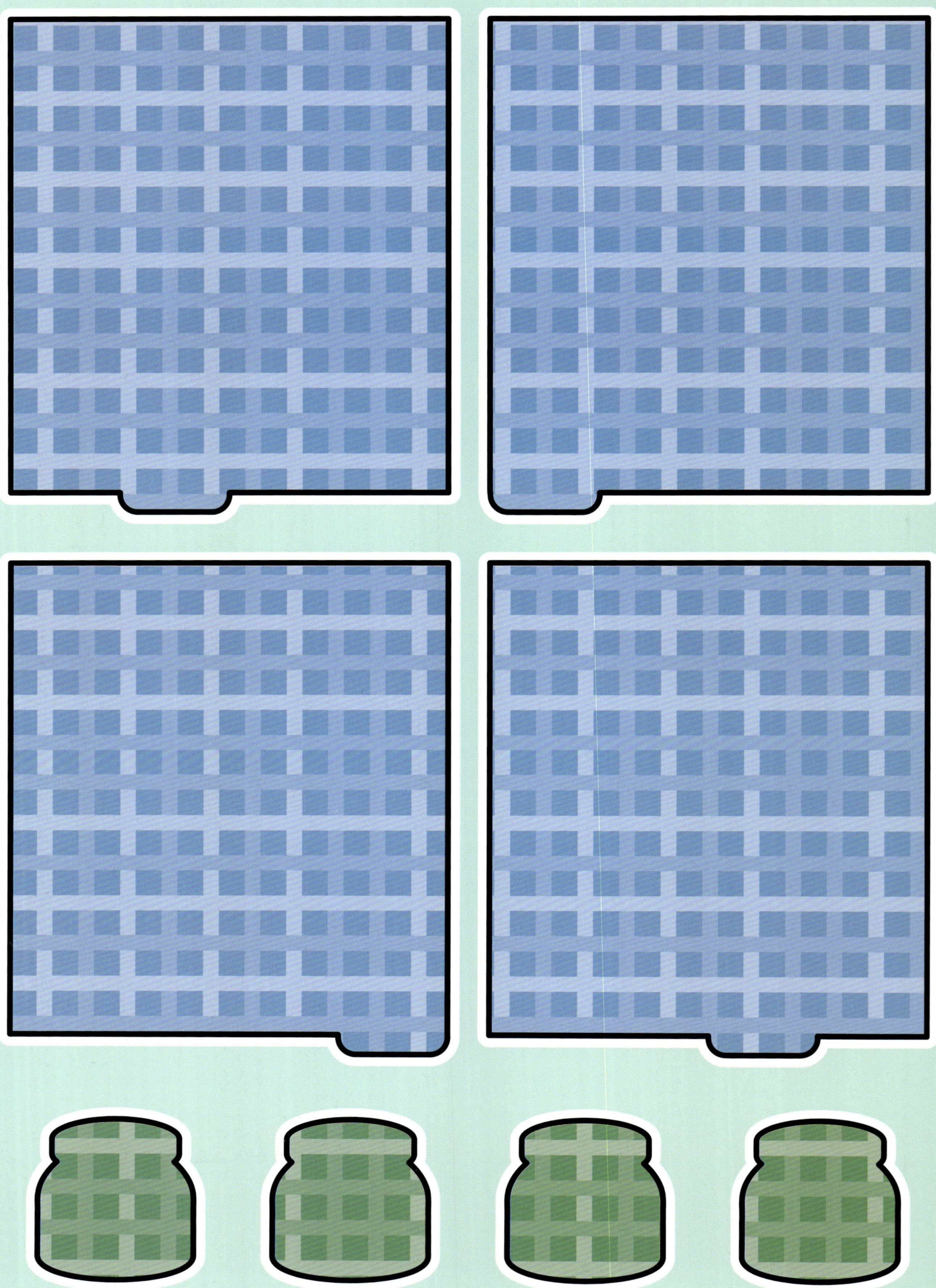

▼ 소품

시워니
간식 병원
총 3일치
1일차
2일차
3일차

시워니
간식 병원
총 3일치
1일차
2일차
3일차

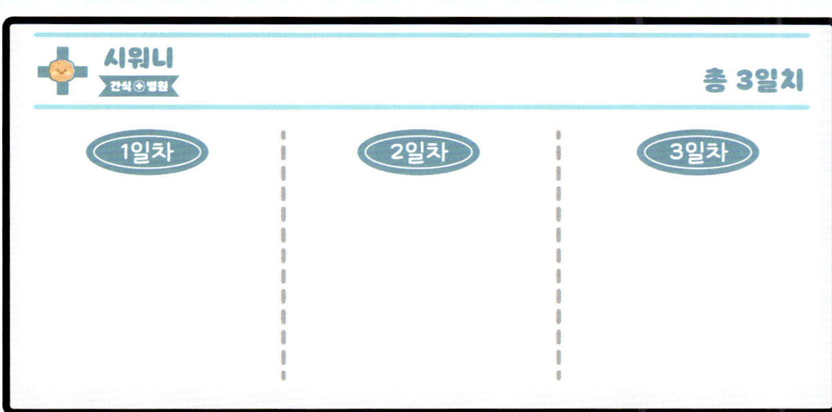
시워니
간식 병원
총 3일치
1일차
2일차
3일차

시워니
간식 병원
총 3일치
1일차
2일차
3일차